《杨力国学经典专著》第四部

老子哲学大智慧

杨力 著

华夏出版社

图书在版编目（CIP）数据

老子哲学大智慧/杨力著. —北京：华夏出版社，2017.1
（杨力国学经典丛书）
ISBN 978-7-5080-9033-7

Ⅰ. ①老… Ⅱ. ①杨… Ⅲ. ①老子-哲学思想-研究
Ⅳ. ①B223.15

中国版本图书馆CIP数据核字（2016）第279591号

老子哲学大智慧

著　　者	杨　力
责任编辑	刘淑兰
出版发行	华夏出版社
经　　销	新华书店
印　　刷	三河市少明印务有限公司
装　　订	三河市少明印务有限公司
版　　次	2017年1月北京第1版 2017年1月北京第1次印刷
开　　本	710×1000　1/16开
印　　张	18.25
字　　数	240千字
定　　价	39.80元

华夏出版社　地址：北京市东直门外香河园北里4号　邮编：100028
　　　　　　　 网址：www.hxph.com.cn　电话：（010）64618981
若发现本版图书有印装质量问题，请与我社联系调换。

老子——天下第一哲人

序

老子是中国古代伟大的思想家和哲学家，是道家学派创始人。老子是哲人，是智者，是圣人。孔子很敬重老子，曾问礼于老子，感悟道："吾所见老子也，其犹龙乎？学识渊博而莫测，志趣高邈而难知；如蛇之随时屈伸，如龙之应时变化。老聃，真吾师也！"老子思想影响中国几千年，老子的思想、老子的辩证法、老子的治国智慧、人生哲理都十分精辟。老子思想对我来说感悟最深的是著名的"无为而无不为"，"夫不争，而天下莫能与之争"，"柔弱胜刚强"，这些哲理告诉人们，无论你是弱者还是强者，只要你不懈地努力，最终都可成为胜者。习近平引用老子的治国名言"治大国若烹小鲜"、"上善若水"等体现了一位杰出的治国者对老子治国智慧的感悟。

《道德经》是一部杰出的哲学巨著，是道家思想的源头，东方智慧的巨著，在世界上影响极其深刻。

我在北京大学图书馆艰苦坐写二十年，完成六百万字的《中华五千年文化经典》丛书时，就曾对老子及《道德经》作过深入的研究，写下了老子及道家卷，为写这部《老子哲学大智慧》奠定了基础。为了写这部书，我对老子的哲学作了更深入的研究，孔子和老子是中国国学的两大支柱，二者相辅相成，缺一不可。希望这部《老子哲学大智慧》和我的国学哲学专著《易经哲学大智慧》《孔子哲学大智慧》《中国禅的智慧——杨力说禅》一起走进千家万户，走向全世界。

杨　力

2016. 1. 1.

第一章　导论章：老子是中国古代哲学圣人 ········· 1
- 一、导言 ········· 1
- 二、老子思想的哲理大智慧 ········· 2
- 三、老子的辩证哲理 ········· 5
- 四、老子治国哲理 ········· 6
- 五、老子的人生哲理 ········· 9
- 六、老子是道家思想的开山鼻祖 ········· 10

第二章　老子传奇 ········· 12
第一节　老子是个什么人？ ········· 12
第二节　老子的哲学思想 ········· 14
- 一、老子的宇宙观——道 ········· 14
- 二、老子的社会观——无为 ········· 18
- 三、老子的辩证哲理 ········· 23
- 四、老子的哲理是千古难变的真理 ········· 28

第三节　《道德经》伦理哲理及影响 ········· 33
- 一、老子、道家与孔子、儒家伦理的区别 ········· 33

二、《道德经》的伦理哲理特点 ………………………………… 36
　　三、《道德经》伦理思想的反思 ………………………………… 40
　第四节 《道德经》与人生哲理 ……………………………………… 42
　　一、自然人生观 …………………………………………………… 42
　　二、淡泊人生观 …………………………………………………… 43
　　三、出世人生观 …………………………………………………… 46
　第五节 《道德经》的启示 …………………………………………… 48

第三章 《道德经》哲学智慧 …………………………………………… 51
　第一节 《道德经》是一部哲学瑰宝 ………………………………… 51
　第二节 《道德经》的哲学名言 ……………………………………… 53
　　一、《道德经》的人生哲学名言 ………………………………… 53
　　二、《道德经》的辩证哲学名言 ………………………………… 61
　　三、《道德经》治国哲学——无为而治 ………………………… 67
　第三节 《道德经》的历史地位及其影响 …………………………… 78
　　一、《道德经》在道家的地位及其影响 ………………………… 78
　　二、《道德经》在中国哲学的地位及其影响 …………………… 81
　第四节 《道德经》哲学名句选析 …………………………………… 88
　　一、《道德经》哲理名句选析 …………………………………… 89
　　二、《道德经》伦理名句选析 …………………………………… 95
　　三、《道德经》治国名句选析 …………………………………… 100

第四章 庄子哲学智慧 …………………………………………………… 104
　第一节 哲人庄子传奇 ………………………………………………… 104
　第二节 庄子的哲学智慧 ……………………………………………… 106
　　一、庄子的"道"智慧 …………………………………………… 106
　　二、庄子"有无"观与相对主义 ………………………………… 109
　第三节 庄子对中国文学的影响 ……………………………………… 111

第四节　如何评价庄子？ ………………………………………… 115

第五章　《庄子》哲学智慧 ………………………………………… 117
　第一节　《庄子》是一部哲学巨著 ………………………………… 118
　第二节　《庄子》哲学特色 ………………………………………… 119
　　一、《大宗师》与"道" …………………………………………… 119
　　二、《齐物论》与绝对相对论 …………………………………… 121
　　三、《逍遥游》与绝对精神自由 ………………………………… 122
　第三节　《庄子》哲学的社会价值及其影响 ……………………… 124
　　一、庄子哲学对《道德经》及道家的影响 ……………………… 124
　　二、《庄子》对玄学、佛学、理学的影响 ……………………… 127
　　三、《庄子》浪漫主义文学的价值及其影响 …………………… 130
　第四节　《庄子》哲学名言及其影响 ……………………………… 135

第六章　老子与道家哲学智慧 ……………………………………… 144
　第一节　道家哲学以老庄为主体 …………………………………… 144
　第二节　道家的哲学智慧 …………………………………………… 145
　　一、"道"是道家的哲学核心 …………………………………… 145
　　二、老子"有无"观与庄子相对主义 …………………………… 154
　　三、道家无为哲理 ………………………………………………… 156
　　四、庄子"无己"、"无待"无为观 …………………………… 158
　　五、道家精气哲理 ………………………………………………… 159
　第三节　正确评价道家 ……………………………………………… 160

第七章　老子道家与周易哲学智慧 ………………………………… 161
　第一节　易道哲理相通 ……………………………………………… 161
　　一、道教的"道"哲理 …………………………………………… 163
　　二、道教独特的神仙思想 ………………………………………… 164

第二节 《易经》与道家内丹修炼 ……………………… 165
　　一、《易经》性命观与道家"性命双修" ………………… 166
　　二、《易经》与道家返还理论 …………………………… 170
　　三、《易经》与道家内炼火候 …………………………… 172
第三节 道源于易 ……………………………………… 174
　　一、易道关系的核心是易道相通，道源于易 …………… 174
　　二、《道德经》哲理源于《易经》 ………………………… 175
　　三、《易经》与道家哲理的渊源 …………………………… 180
第四节 易道哲理关系的重大启示 ……………………… 181
　　一、宇宙本源的哲理对世界观的重大影响 ……………… 182
　　二、矛盾转化条件的哲理对人生观的重大意义 ………… 182
　　三、辩证的否定观对人生哲理的重大影响 ……………… 182

第八章　道家与中医学智慧 …………………………… 184
第一节 《道德经》与《黄帝内经》 ……………………… 184
　　一、《道德经》的"道"与《黄帝内经》的"道" ………… 184
　　二、老庄道家与中医摄生 ………………………………… 186
　　三、道家崇坤阴与中医养阴观 …………………………… 188
第二节 《道德经》的"德"与中医学 …………………… 190
　　一、《道德经》"德"的含义 ……………………………… 190
　　二、《易经》"德"的含义 ………………………………… 192
　　三、《黄帝内经》的"德" ………………………………… 193

第九章　道家《道藏》的摄生长寿智慧 ………………… 195
第一节 《道藏》中的气功奥秘及功法 ………………… 195
　　一、食气功之秘 …………………………………………… 195
　　二、吞津功之秘 …………………………………………… 196
　　三、吐纳功与胎息功之秘 ………………………………… 196

第二节　《道藏》有关房中术的奥秘 …………………… 198

第十章　老子道家内丹奥秘及养生启示 …………………… 201

第一节　老子道家内丹修炼玄机 …………………………… 201

一、道丹性命双修 ………………………………………… 201

二、道家内丹返还原理 …………………………………… 203

三、修炼精气神理论 ……………………………………… 205

第二节　道家内丹功法 ………………………………………… 206

第三节　《周易参同契》与内丹修炼 ………………………… 208

第四节　葛洪《抱朴子》内篇金丹术 ………………………… 209

第五节　老子道家内丹修炼功法秘诀 ………………………… 210

一、安炉置鼎要诀 ………………………………………… 210

二、筑基炼己要诀 ………………………………………… 211

三、生药采药要诀 ………………………………………… 212

四、大小周天要诀 ………………………………………… 215

五、玄关一窍要诀 ………………………………………… 217

六、文武火候要诀 ………………………………………… 218

七、正活子时要诀 ………………………………………… 220

八、观景内照要诀 ………………………………………… 221

九、闯关过桥要诀 ………………………………………… 221

十、抱元守一要诀 ………………………………………… 222

十一、结丹成胎要诀 ……………………………………… 223

十二、女金丹修要诀 ……………………………………… 225

第六节　内丹修炼在养生术中的重要意义 …………………… 227

第七节　道丹性命双修的启示 ………………………………… 228

一、道家内丹修性对脑气功的启示 ……………………… 229

二、道丹修命对性气功的启示 …………………………… 229

第八节　内丹还精补脑的启示 …………………………… 230
　　第九节　道家"正子时"及"活子时"的启示 ………… 231
　　第十节　道丹后天返还先天理论的启示 ………………… 232

第十一章　道家名著修炼秘诀启示 ……………………………… 237
　　一、《太平经》的修炼精粹 ………………………………… 237
　　二、《黄帝阴符经》的内丹秘笈 …………………………… 239
　　三、《抱朴子》内丹的修炼奥秘 …………………………… 243
　　四、《灵宝毕法》内丹秘笈 ………………………………… 245
　　五、《无极图》的内丹修炼启示 …………………………… 250
　　六、《悟真篇》内丹奥秘 …………………………………… 257
　　七、《慧命经》的内丹奥秘 ………………………………… 260
　　八、《金仙论证》的内丹奥秘 ……………………………… 263
　　九、《性命圭旨》的内丹奥秘 ……………………………… 265
　　十、《天仙正理》内丹奥秘 ………………………………… 273
　　十一、《仙佛合宗》的内丹奥秘 …………………………… 276

图 1　老子骑牛图

第一章 导论章：老子是中国古代哲学圣人

一、导言

老子是中国伟大的思想家、哲学家和政治家，道家学派创始人。

老子及《道德经》以其杰出的辩证法思想、人生哲理及治国哲理影响了中国几千年。

老子有三大贡献：

第一，卓越的"道法自然"世界观

老子是一位思想家，他提出"人法地，地法天，天法道，道法自然"，强调天下万事万物都应遵循自然规律，这个规律就是"道"，这是对中国哲学的巨大贡献。

第二，杰出的辩证法思想

老子是哲学家，在其《道德经》中有非常杰出的辩证哲理。如"祸兮福所倚，福兮祸所伏"，"反者，道之用"，"无为而无不为"等充满了矛盾法则的哲理，是老子的又一伟大贡献。

第三，道家学派的开山鼻祖

老子是道家学派的鼻祖，道家思想渊源于老子，如自然无为、致虚守静、清静虚无等主要思想，均传承于老子，这是老子对中国文化的重要贡献。难怪鲁迅先生说："不读《道德经》书，不知中国文化。"下面就让我们一起来分享这位圣人的智慧吧！

二、老子思想的哲理大智慧

1. 道法自然

"道法自然"是老子哲学的最高境界,"道"代表规律,"自然"即天然,"道法自然",即天下万事万物所遵循的规律是自然而然的规律。就是说:"顺其自然者成,逆其自然者败。"

原文出自《道德经》第二十五章:

> 人法地,地法天,天法道,道法自然。

图 2　道法自然

老子的"道法自然",就是指为人处事、治国治世都应遵行自然之道,也即凡事要顺应自然规律。这个自然规律指的就是客观规律。正如老子所解释的:"是以圣人,欲不欲,……以辅万物之自然,而弗敢为也。"(《道德经·六十四章》,下引该书只引章次)就是告诫人们要尊重自然,依照自然规律办事,按照自然规律治国治世,万不可无事生非,人能如此,则无败事。

所以老子的"无为",绝非无所作为,而是要遵循自然规律。可见老子的自然,并不是指自然界实物,而是指一种规律,一种天然而成的规律。这个规律就是:

人→地→天→道(天然,自然而然)

2. 无为而无不为

这是老子哲学的又一高境界。它出自《道德经》三十七章:"道常无为而无不为。""无为",并非无所作为,而是要"无为而治"。无为是不能妄为,正如老子所说:"圣人之……以辅万物之自然而弗敢为。"(六十四章)可见无为其实就是弗敢、弗为,就是说要遵循自然规律而为,只有这样的无为才能有为,也才能无所不为。

无为的最终目的是无为而治,最终是有为。这是无为和无不为辩证统一的结果。

老子的无为,其实也是无欲无为,就是指无妄欲才能无妄为,无妄为才能有为,才能无为而无不为。

所以遵循万物的规律,道法自然,才不会妄为,才能达到无为而治。

也就是说无为是自然无为,所以老子无欲无为的最高境界是道法自然。

所以,老子的无为是指不能违背客观规律,而非无所作为。

3. 上善若水

第一,水德是大善

"上善若水"是老子的名言,老子是水龙,崇尚水德。

> 上善若水，水利万物而不争。（八章）

老子认为这是水德，水的高尚品质就是默默地滋润万物，而不与之争斗。水是天下第一大善。

老子水德的主题是造福万物而与世无争，这是天下第一大善，第一美德。足见老子最崇敬的品德是善良。

第二，水德刚坚

老子既高度强调水的柔弱，又高度重视水的刚坚。

"天下莫柔弱于水，而攻坚强者莫之能胜。"

水性柔弱却也坚强，滴水穿石，即天下之至柔，能克天下之至刚。于治国而言，别看一个国家小弱，必要时也可以最坚强。从来就有"水能载舟，亦能覆舟"的说法，就可见水的能耐是无穷尽的。

第三，水德宽广

《易经》曰："天行健，君子以自强不息；地势坤，君子以厚德载物。"

老子的水德强调要"心善渊"，指心要像水那样深沉能容纳，要能海纳百川，要像长江大海一样能够成为一切河流的归宿。

> 故江海所以能为百谷王者，以其善下之。（六十六章）

就是说，人心要能虚怀若谷，要能博大宽广。

老子说："处众人之所恶，此乃谦下之德也。"强调水德还要尚容忍，忍字心上一把刀，在处"众人之所恶"的情况下，还要谦下，真正是"天下莫柔弱于水"，但只要有博大的水德，最终必能"柔之胜刚"，必能"弱之胜"。

上述可见，善、柔、谦是老子水德的三大核心。

4. 出世在野

"老子出世"，不是指老子出生，而是言老子离官归隐，原因在于周室内乱。"老子出世"在后世主要指舍弃凡尘、归隐山野的志向。

第一章

导论章：老子是中国古代哲学圣人

图3　上善若水

老子骑青牛出了函谷关，周游天下，沉浸于天地自然之中。老子本是周室守藏史，他选择出世，周室的血腥仅是导火索而已。老子推崇无为，所以他的出世是他无欲无为思想升华的结果，无欲无为是老子思想的"涅槃"境界，出世在野是这一境界的必然结果。

三、老子的辩证哲理

1. 矛盾转化哲理

老子最杰出的辩证哲理就是强调事物的转化，认为天下万事万物都是矛盾统一体，正如"万物负阴而抱阳"，万事万物都存在着互相依存的两方面，比如有无、刚柔、祸福……都是相辅相成的，都是互相转化着的、变化着的、而非固定不变的。

老子提出"反者，道之动"，即蕴含了天下事物都会向它的反面转化的道理，正如老子所说的"祸兮福所倚，福兮祸所伏"一样，说明万事万物"物极必反"的道理。

2. 贵柔哲理

"柔弱胜刚强"是老子最伟大的哲理，"弱者，道之用"，天下一切柔弱的事物，都会发展壮大，最后都能战胜它的强大对手。

在发展壮大之前老子又提出："将欲歙之，必固张之；将欲弱之，必固强之；将欲废之，必固兴之；将欲夺之，必固予之。"（三十六章）这是后发制人的哲理。老子贵柔的最高境界是以柔克刚，最终是"柔弱胜刚强"。

3. 不争哲理

争与不争是老子著名的辩证哲理。"圣人之道，为而不争。"（八十一章）"夫唯不争，故天下莫能与之争。"（二十二章）老子不争哲理，并非真不争，而是老子的权宜之计，争与不争是老子"柔弱胜刚强"的体现。

老子贵阴柔，所以主张后退是为了更好地前进，不争是为了更好地争，貌似消极，其实是最大的积极，是后发制人的权宜。

老子争与不争哲理与无为而无不为是一样的，其实质都是体现老子事物之间相辅相成的辩证哲理，如刚与柔、强与弱。

四、老子治国哲理

第一，无为而治是老子治国哲理的核心

无为，指不妄为，并非无作为，无为而治的目的是达到天下大治。无为的哲学深意是自然无为，就是要顺应自然规律。常言道，天有天的规

第一章
导论章：老子是中国古代哲学圣人

图4 柔弱胜刚强

律，地有地的规律，人有人的规律。

道法自然是无为而治的前提。

顺应自然规律，就是要求得天时、地利、人和，否则就会天下不宁。

无为，就是要与民休息，少扰民。老子著名的"治大国若烹小鲜"，就是比喻治国也犹烹鱼一样，要少翻动，少搅拌。老子这句名言曾被美国前总统里根引用，从而使老子及《道德经》在美国引起轰动。

无为而治，是老子治国的最高境界，老子无为而治的原话是：无为而无不为，这是"道法自然"的治国大智慧。治国者如能不妄为，少干扰，遵循规律治理，国家就能平安有治。

第二，以民为本是老子无为而治的根基

图5　无为而无不为

老子认为无为而治的深意是以民为本：

"我无为，而民自化；我好静，而民自正；我无事，而民自富；我无欲，而民自朴。"（五十七章）

就是说，要做到无为而治，必须以民为本。人民是治国的根本。

第三，以正治国是老子治国的要诀

老子"无为而治"的前提是以正治国。

要行为正，走正道才能真正做到无为而治：

"以正治国，以奇用兵，以无事取天下。"（五十七章）

只有走得正，才能无事，才能无为，所以，以正治国，是老子无为而治的主要前提。

总括之，道法自然、以民为本、以正治国是老子无为而治的三大法宝。

五、老子的人生哲理

1. 知足哲理

《道德经》四十四章说："知足不辱。"

老子认为"祸莫大于不知足"，知足还不仅仅是为了得其乐，知足的更高境界是要有忧患意识，是避免灾祸。老子还说："知足则富。"（三十三章）

人内心的欲望好比蛇吞象，所以不知足的根源在于欲望，在于妄念。

故老子说："罪莫大于可欲，祸莫大于不知足，咎莫大于欲得。故知足之足，恒足矣。"（四十六章）

没有了祸害，没有了过错，人自然就会快乐，这就是后人感悟到的知足常乐。

2. 知止哲理

《道德经》四十四章说："知止不殆，可以长久。"（四十四章）

知止于外，而不贪得无厌，就不会有忧患。

可见，知止是一种大智慧，即大智知止，怎样止？适可而止。

何谓知止？从哲学的境界看即该行则行，该止则止，适可而止。也就是指凡事要把握好事物的本末，分清轻重缓急，把握度。从社会道德的层次看，怎样知止？知止，是止于仁义忠孝四个字。这就是说，知止不仅是哲学的"度"，更是一种德行，一种修养。

3. 少私寡欲

出自《道德经》十九章："少私寡欲。"

少一份私心，才能少一分贪欲。这是老子的人生哲理。"少私寡欲"也即清静无欲，其实就是要人们尊重人的素朴本性，淡化一点金钱名利，内心世界多一些淡泊和宁静。

怎样才能达到"少私寡欲"？其前提是"见素抱朴"，就是要像没有加工过的树木的本来面目一样纯洁、质朴。

六、老子是道家思想的开山鼻祖

老子是道家思想的创始人，道家思想和老子思想一脉相承。

1. 自然无为

"自然无为"是道家思想的核心，道家十分崇尚老子的"道法自然"，特别遵循天地自然，尤其崇尚融入天地自然修身养性，以清静无为、修养心身而自然成仙。所以道家都主张与世无争，回归山野寺庙修身养性。

"自然无为"的最高境界是无欲无为，不是刻意的"为"，而是遵循自然的"为"。

所以，"自然无为"的核心就是老子的"道法自然"。

庄子继承了老子的天道自然无为思想，老庄共开创了为道家无为思想的先河。

2. 贵柔崇善

"贵柔"原出《道德经》四十章"弱者道之用"，就是贵柔处弱，但老子柔弱的最高境界是"天下之至柔，驰骋天下之至坚"。（四十三章）

老子推崇柔弱处世，给道家很大影响，因为老子认为天下万事万物都是相反相成的，此时的至柔，就会是彼时的至刚，所以老子有"柔弱胜刚强"的名言。

"贵柔"，就是要像水一样柔，像水一样善，正是老子所说，上善若水。

人要像水一样表面柔弱，实际最刚强，它或如涓涓细流滋润大地生万物，或如汪洋海纳百川，所以道家推崇老子的柔，老子的善就是要像水、像土地一样博大宽容，厚德载物。

所以这样的柔，绝不是懦弱，而是中国人特有的阴柔。

3. 致虚守静

这是老子修心的功法，致虚方能守静。怎样才能达到致虚？那就必须达到无欲。无欲的前提是少私，所以老子说"少私寡欲"，少私才能去贪，少贪才能寡欲。老子说：

> 五色令人目盲，五音令人耳聋……（十二章）

人要少一些诱惑，才能做到恬淡虚无。只有清心寡欲才能恬淡，才能虚无，也才能守静。

（1）"复归于婴儿"

这是老子摄生的高境界，老子二十八章说："为天下溪，常德不离，复归于婴儿。"

婴儿，象征纯天然。正如老子所说：

> 专气致柔，能如婴儿乎？（第十章）

"复归于婴儿"，就是指老子希望返朴归真，回归到婴儿般的纯真境界，持这种状态的人将处于无恶念、无贪妄、无妄欲的真朴状态，这也就是老子的"见素抱朴"的概念。

（2）"见素抱朴"

抱朴，出自老子十九章："见素抱朴。"

就是去除外在的修饰，回归原来的真朴，亦即后来之"返朴归真"。这是道家对老子从原朴回归"婴儿"真朴的体现。

返朴归真这一思想深刻地反映在道家的修炼之中，主张去除世俗的修饰，还其原始的淳朴，也就是还原求真之意，达到一种超凡入圣的自然境界。

第二章　老子传奇

老子是智者，是中国古代杰出的哲学家、思想家、道家思想的创始人。

"道法自然"是《道德经》哲学思想的精髓，反映了老子哲学思想的光辉。

"无欲、无为"，是《道德经》人生哲理的核心。

《道德经》是中国古代哲学巨著，《道德经》五千字中蕴藏着精辟的辩证法思想。

《道德经》的这些观点，无论是积极的，还是消极的，几千年来都对中国的思想文化产生了深刻的影响。

第一节　老子是个什么人？

老子（约公元前571—前471年），名聃，春秋时代楚国人（楚国苦县，即今鹿邑厉乡曲仁里），是我国古代著名思想家，曾做过周王朝的史官，以后即隐居独处，所处历史背景为奴隶社会开始瓦解、封建社会开始兴起的时代。因此，没落阶级思想在老子身上有一定的反映。但是老子的哲学思想却金光闪闪，超越时空，历垂万世。

老子的思想于后世反映于《道德经》，《道德经》成书于战国时期，又称《道德经》或《老子五千文》，1973年湖南长沙马王堆三号汉墓曾有《道德经》帛书出土，分为《德经》及《道经》。

第二章 老子传奇

图6 弱之胜强，柔之胜刚

《道德经》分为上篇《道经》及下篇《德经》。据研究，该书不是老聃所著，但基本上反映了老聃的思想，《道德经》这部书的作者现尚无从考订，但非一人所作已为共识。

老子和孔子是同时代的人，也为春秋时期人，但《道德经》却是在《论语》、《易传》之后，与《墨子》、《孟子》同期，基本上成书于战国后期，也有人认为《道德经》是战国末之作品，更有人认为《道德经》成书于秦汉之间。而对于老子本人，也同样有争执。有的认为老子为春秋时期的老聃，比孔子年长，有人则认为老子为战国时期的李耳，甚至认为是汉代的太史儋。

任继愈认为,《道德经》其实"非一人之言,亦非一时之作"。上界可达先秦,下界下到秦汉,历时三百年之久,但主要内容成书于战国时期。《道德经》的思想受《易经》的影响,并和先秦战国时代的著作,如《易传》、《墨子》等思想互相渗透,但其主流思想如天道观、贵柔和辩证法思想则是以反映老子思想为主的。(任继愈《老子新译》1985版,上海古籍出版社)

> **杨力启示**
>
> 　　老子的学术体系以宇宙自然观、无神论思想及辩证法思想成就较大。其社会观有一定的消极性,这和老子的隐士生活密切相关。因此,尽管他的宇宙自然观和辩证法思想方面闪烁着光辉,但几乎被他的消极的社会观给淹没了。这就是老子道家在中国人心中颇有争议的缘由。这也是作为哲学家和思想家应引以为鉴的。

第二节　老子的哲学思想

老子是我国古代著名的哲学家、思想家、鲜明的无神论者,他的宇宙自然观总体是唯物的,他的朴素的辩证法思想在中国哲学史上占有重要地位。

一、老子的宇宙观——道

"道",是老子思想体系的核心,主要观点记载于后代所撰的《道德经》内。

(一)老子认为道是世界万物的本源

老子提出"道"为世界万物的本源。何谓"道"?《道德经》第一章说:

道，可道，非常道。名，可名，非常名。无名，天地之始；有名，万物之母。常无，欲以观其妙；常有，欲以观其徼。此两者，同出而异名，同谓之玄。玄之又玄，众妙之门。

"道"为万物之母，为"玄牝之门，是谓天地根"。（第六章）

图7 道可道，非常道……无名，天地之始；有名，万物之母

老子认为"道"存在于天地万物之先，"有物混成，先天地生"，（二十五章）老子坚信这个"道"是物，"其中有象"，"其中有物"，"其中有精，其精甚真，其中有信"。（二十一章）但这个物究竟是什么，老子自己也说不清，他认为是一种看不见、摸不到的混沌东西，第二十一章说："道之为物，惟恍惟惚，惚兮恍兮。"并以"大"、"玄"形容之。

（二）老子认为道是物

老子虽然没有说清楚"道"究竟是什么，但他确定道是"物"，即认为天地造化之母是物，而不是什么神灵，这足以说明老子的宇宙观是唯物的。对待世界的起源是物还是神灵，这是区分唯物主义和唯心主义的根本标准。正如马克思所说："全部哲学，特别是近代哲学的重大的基本问题，是思维对存在、精神对自然界的关系问题……两者孰先孰后的问题，是精神先于自然界，还是自然界先于精神……哲学家依照他们如何回答这个问题而分成了两大阵营。凡是断定精神先于自然界，从而归根到底承认创世说的人……组成唯心主义阵营。凡是认为自然界是本源的，则属于唯物主义的各种学派。"（《列宁选集》第二集，马克思学说，581 页，人民出版社，1960 版）

（三）老子认为道是万物之始

老子强调道为万物之始，距现在无限遥远，仍有看不见摸不到之势。老子肯定万物之母是物质性的东西，因此提出"有物混成"，足见老子的道是强调物质的，并非黑格尔的绝对精神。

老子"道"生万物的演化过程是"道"（"天下之物生于有，有生于无"）。"道生一，一生二，二生三，三生万物"。万物从有，"复归于无"，"归根于静"，表示事物从无到有，由有到无，由无到生，由生到死的生长消亡过程，也即由动到静的转化过程。

（四）老子的"道"是一种宇宙本体

"道"是一种客观存在，是表示宇宙万物生成变化的天道观，因此，老子提出："道"的宗旨在于承认事物的起源是物而不是其他精神性的东西，足以说明老子的宇宙观是唯物的，不能把老子的宇宙观认为是唯心的。老子的宇宙观被抨击为客观唯心主义是不客观的，老子的宇宙唯物观应加以充分肯定。当然老子没有指出这个物是什么具体的东西，这也是当时历史条件所限，应客观地看待。

但是需要提出的是，老子认为生万物的这个物，叫不出名字，是恍惚无形的，而且"独立而不改"（第二十五章）。认为万物造化之母——"道"，是独立于万物运动之外，而且自始至终是不会有变化的。假如老子不在《道德经》第二十一章内反复强调这个道是一个物，那么确有可能被理解为物质运动之外的什么原始动力。（老子这个形而上学的错误观点又被庄子错上加错地发展了，见庄子章）其依据主要为第四十二章：

"道生一，一生二，二生三，三生万物，万物负阴而抱阳，冲气以为和。"

此句是《道德经》对"道"的进一步阐述，然而问题的症结也就在这里，把象征"万物负阴而抱阳"的"一"认为是"道"所生（"道生一"），这就是说在阴阳运动化生万物之先，还存在着一个产生万物运动的东西——"道"，这个东西存在于阴阳运动之外，并且独立而不变（"独立而不改"）。这就是说，老子把道与万物运动割裂开来，他虽然也承认这个物是运动着的（"周行而不殆"），但却认为是独立的和无变化的，老子的这种孤立的、静止的观点，给"道"赋上了形而上学的色彩。尽管老子的"道"包括宇宙本体及运动规律两个概念，但他在论述宇宙本体时，其"道"确是指宇宙本性的，并没有和代表规律的道相混。

杨力启示

老子的宇宙本体——"道"是唯物的（朴素的），是无神论的，但却又是形而上学的。因此《道德经》这部书反映的老子的观点是矛盾的：既是唯物的，却又隐藏着唯心的成分；虽有丰富的辩证法思想在内，但在核心问题上却是形而上学的。老子的道，如只从某一章句来理解，都有客观唯心之嫌，只有从全部《道德经》，从总体来看，才能把握它的唯物性。

图8 祸兮福所倚,福兮祸所伏

二、老子的社会观——无为

老子的"无为"是其思想体系的核心,包括两个观念,一是天道无为观,一是人道无为观。其中,天道无为观是积极的、前进的,而人道无为观则是消极的、倒退的,结合《道德经》原文分析如下。

(一)老子的天道无为观的宗旨是自然无为

《道德经》二十五章曰:"人法地,地法天,天法道,道法自然。"老子的"道法自然"是杰出的宇宙自然观,光彩异常。"道法自然"即指要遵循自然规律。这个哲理,应用于对待天道是积极的、光辉的,人是不能违背自然规律的。

老子"道法自然"在自然科学方面有重大的指导意义,是划时代的。当然顺应自然和人能征服自然是两个含义,并非否定人征服自然的能力。人与天地相应,人生活在宇宙天地之中,自然界无时无刻不在影响着人体,因此,顺应自然规律是正确的、科学的。

(二)老子的人道无为观,是其天道无为观的社会化

老子把天道无为观照搬于"人道",是其最致命的弱点。他强调人与天地相应,却否认人与社会的密切关系。事实上,从某种意义上来说,社会对人的影响要远远大于自然界对人的影响。

图9　大音希声

老子在重天道、轻人道思想的支配下，对社会消极回避，当然他的这种消极回避的人生观是和他长期的隐士生活分不开的；老子的"无为"在《道德经》里共有二十一章论述过，占《道德经》的四分之一，足见"无欲"、"不争"、"不为"在老子学术思想中的地位。

图10　大象无形

（三）关于老子的无为无不为

人们对老子的"无为无不为"（三十七章）历来是有争论的。如果仅从这一句话分析，也可理解为不妄为即能万为，即不妄为才能做到专心所为，最终才能达到无所不为。否则事事皆为、万念万欲，则将一事不为。如此，这句话可以理解为方法学的，而且是哲理性很强的方法学。

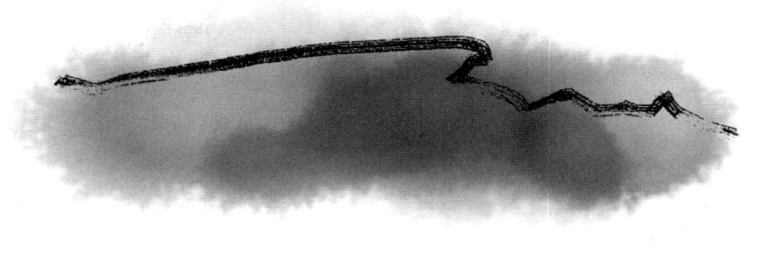

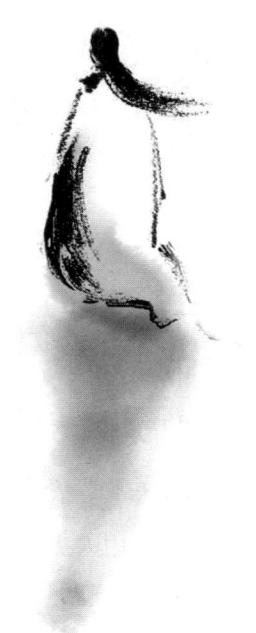

图 11　天下万物生于有

但是，如从《道德经》对无为论述的全貌分析则不然，《道德经》的"无为"包括无欲、不争、无智、无知、居下、知退、无志、不辨、不信、柔弱……如：

第八章："夫唯不争，故无尤。"（无过失）

第三十七章："不欲以静，天下将自正。"

第六十三章："为，无为；事，无事；味，无味。"

图 12　有生于无

第六十六章："以其不争，故天下莫能与之争。"

第六十八章："不争之德，是谓用人之力，是谓配天，古之极。"

第七十章："天下莫能知，莫能行。"

全部《道德经》有关无为一类的训告，俯首皆是。

以这种观点治国，他主张"不欲以静，天下将自正"（三十七章），只要听其自然，国家便可自正。人民应"其政闷闷，其民淳淳；其政察察，其民缺缺"（五十八章），政府暧昧迁就、混混沌沌、得过且过，百姓应老老实实不闻不问，甚至提出"不以智治国，国自福"。老子还说："我无为而民自化，我好静而民自正，我无事而民自富，我无欲而民自朴。"（五十七章）主张政府无为、好静、无事、无欲，老百姓才能顺从，无为才易治民。故老子强调："有事不足以取天下。"甚至为了使民不争而主张"不尚贤",即不标榜贤能,不表彰先进,以使未被表彰者保持平衡,为使民不盗,而不置珍贵之物。

老子认为无知才能无欲,提倡不学无术。甚至主张人的智力应倒退得像婴儿一样才能无欲,十章:"专气致柔,能如婴儿乎?"废除对人民的教育,竟提出愚民政策:"绝圣弃智,民利百倍"(十九章),还说:"古之善为道者,非以明民,将以愚之。"(六十五章)"民之难治,以其智多,故以智治国,国之贼。不以智治国,国之福。"(六十五章)

无为无欲将导致什么境界呢?老子在《道德经》最后第八十章总结性地说道:"小国寡民……使民复结绳而用之。"要倒退到远古原始氏族社会,"鸡犬之声相闻,民至老死不相往来",相见不相识,足见老子最终向往的是倒退的、落后的、原始的远古社会。

杨力启示

综观《道德经》全文有关无欲无为的原文来看,老子曰"无为",总体上是消极的、倒退的,他的这些哲理,可以称之为"隐士哲学",用之养生尚可,用之于人事、国事则不可。试想一个国家、一个民族,如果没有顽强的斗志和奋发的精神风貌,那么这个国家和这个民族便没有灵魂了。因此,对老子的无神论及宇宙观应高度肯定,而对老子的无为社会观则应猛烈地抨击。

三、老子的辩证哲理

《道德经》五千字中蕴藏有朴素的辩证法思想,这是《道德经》的主要成就之一。《道德经》吸取了《易经》的辩证法思想,又进一步作了发展。《易经》无论卦序、卦符、卦辞和爻位、爻辞都体现着辩证法思想,如六十四卦卦序、八经卦卦序都反映了阴阳消长盛衰转化的规律,乾卦从初九爻至用九,六个爻的爻辞都充分反映了这一物质运动的辩证规律。如《易·乾》的初九潜龙勿用,九二见龙在田,九三君子终日乾乾,九四或跃在渊,九五飞龙在天,上九亢龙有悔,用九见群龙无首。乾卦通过龙的潜、在、跃、飞、亢、悔,表达了事物的由弱到壮、由衰到盛、由盛到衰的消长转化的辩证法思想。

总之,《易经》八卦原理体现了事物的运动、发展和转化关系,有光辉的唯物辩证法思想,《易传》又充分发展了这一思想,如《易·系辞》

图13　反者,道之动;弱者,道之用

"易穷则变,变则通,通则久","易有太极,是生两仪,两仪生四象,四象生八卦","天地氤氲,万物化醇","有天地然后万物生焉","阴阳合德,而刚柔有体","生生之为易","天地之大德曰生"。《易传·杂卦》"损益盛衰之始也"皆是。《易传》的辩证法思想是先秦哲学中最光辉的,对《道德经》有重要影响。

图 14　老子万物负阴而抱阳

《道德经》在事物的转化方面汲取了《易经》的思想,又作了精湛的论述,第四十章曰:"反者,道之动",事物向相反的方向转化是事物运动的规律。"弱者,道之用"是强调衰弱可以向强盛转化。三十六章:"柔弱胜刚强","曲则全","枉则直"。五十八章说"祸兮福所倚,福兮祸所伏"等皆体现了老子丰富的辩证法思想。

图15　老子：将欲夺之，必固予之

图 16　知止不殆

> **杨力启示**
>
> 需要强调的是弱可转化为强是符合辩证法的,但应区分是代表新兴的柔弱或是代表腐朽的衰弱。如过分强调"有生于无,无生于有"(五十二章),"守柔曰强","物壮则老,是谓不道,不道早已",对腐朽衰弱的弱就不应再去促使它转化,也不可能转化。事物之间的转化是有一定条件的,离开了一定的条件,认为任何事物都是可以转化的,轻视去创造转化的条件,一切听其自然,则易跌入庸俗辩证法的泥坑。这也是老子辩证法中最致命的弱点。

四、老子的哲理是千古难变的真理

老子是一位杰出的哲学家和思想家,是道家的先师,他所开创的道家学派,在诸子百家中占有重要地位。道家学术思想对中国的文化、思想、文学、艺术、军事……都有重要影响,老子的宇宙自然观尤其有着积极的影响,其"道法自然"哲理闪烁着唯物主义的光辉。《道德经》五千字,词义锤炼,哲理丰硕,为道家经典。虽然主要反映老子的思想,但也是道家思想的集大成者。

老子的最大成就是创立"道"说,提出世界的本源问题,反对神灵,发扬辩证法哲理。在宇宙天道观方面,老子的成就是卓越的。对后世哲学、自然科学、人体科学、摄生、气功……都产生了积极的影响。世界的本源是物质,万物的创造与鬼神无关,甚至连鬼神都是物产生的。这些闪光哲理是千古不变的真理,也代表了中国古代哲学的先进性。

第二章
老子传奇

图 17　圣人之道，为而不争

图18　天下之至柔，驰骋天下之至坚

第二章
老子传奇

图 19　知止可以不殆

图20　将欲取之，必先与之

老子消极无为的社会观反映在老子的长期隐士生活中，他愤世嫉俗，同情农民却又无能为力，绝望和不平使老子精神世界开始了滑坡，终于产生了消极倒退的无为观。老子这些观点对中国人民的影响无疑是消极的、不利的。难怪有人抨击老子的无为无欲观是精神麻醉剂，但老子产生这些思想不是有意的，而是当时的历史条件所决定的，应该客观地对待老子的思想。

> **杨力启示**
>
> 总之,老子的社会观倾向消极,产生了不利的影响,但老子的自然唯物观却是先进的、积极的,应加以肯定。尽管如此,老子仍然不失为中国古代有影响的、卓越的哲学家和思想家。
>
> 综上所述,作为道家学派的老子,对中国古代思想的发展产生了深刻的影响,反映老子思想的不朽巨著——《道德经》也将永垂青史。

第三节 《道德经》伦理哲理及影响

一、老子、道家与孔子、儒家伦理的区别

《道德经》的伦理道德修养与《论语》及儒家大相径庭。《论语》发展了《易经》阳刚的一面,《道德经》则发展了《易经》阴柔的一方,《道德经》体现的是坤阴的"厚德"及坎水的柔顺,与儒家乾元刚健相对而言,是人生伦理的另一发展方向。

另外,孔子及儒家的伦理主要解决人际关系及人与社会、国家的关系,而老子、道家则侧重人与自然的关系,庄子的宗旨则为回归自然。

此外,孔子、儒家的伦理观点是向上的、积极的入世观,要求自己的一生要为国家社稷奋斗、效忠;老子、庄子和道家则恰恰相反,主张出世、离世、消极、回避,老子甚至向往追求"小国寡民"的世外桃源生活。

图21 "知其雄,守其雌;知其白,守其黑;知其荣,守其辱。"

第二章 老子传奇

图 22 曲则全,枉则直

图23　老子：致虚极，守静笃

> **杨力启示**
>
> 　　总之，孔子、儒家的伦理是入世的、积极的，强调与社会相融一；而老子、道家则主张出世、离世，强调与自然相合归。下面的论述可以看出老子的社会观并非消极，而是权宜的。
> 　　儒家是社会道德观，道家则是自然道德观，这是儒、道两家伦理思想的根本区别。

二、《道德经》的伦理哲理特点

（一）阴柔至顺

《道德经》的伦理特点是以坤土的厚德载物和坎水的柔顺容让为核心

的。因此，推崇"不争"、"至柔"。

> 上善若水，水善利万物而不争。（第八章）
> 专气致柔，能如婴儿乎？（第十章）

但《道德经》的阴柔也不是纯阴柔的：

> 柔弱胜刚强。（三十六章）
> 天下之至柔，驰骋天下之至坚。（四十三章）
> 守柔曰强。（五十二章）

这充分表明《道德经》的柔是柔中有刚的，是一种韧性的柔而非脆性的柔，柔的最终目的是胜强，或由弱变强，足见老子的容让是暂时的退让，是一种后发制人的策略。

再如，老子虽言"不争"，却又言"天下莫能与之争"（六十六章），都可以说明《道德经》并不是主张绝对不争的。

《道德经》还强调：

> 民之生也柔弱，其死也坚强。（七十六章）
> 强大处下，柔弱处上。（七十六章）
> 天下莫柔弱于水，而攻坚强者莫之能胜，其无以易之。（七十八章）
> 故柔胜刚，弱胜强，天下莫不知，莫能行。（七十八章）

《道德经》借助水的性能说明人的性格如果也能像水一样柔中有刚，那就能无坚不克，无往而不胜。

庄子的相对论对《道德经》的"无欲"、"无为"作了充分的发展，奠定了庄派"方可方不可，方不可方可"的人生伦理。如曰：

> 物无非彼，物无非是。自彼则不见，自是则知之。故曰：彼出于

是，是亦因彼，彼是方生之说也。虽然，方生方死，方死方生；方可方不可，方不可方可；因是因非，因非因是。(《庄子·齐物论》)

人生的价值、人生的有为无为都是无穷相对的，为后世隐世遁尘的人生观奠定了思想基础。

(二) 自然无为

《道德经》的伦理侧重于人与自然的融一，由于《道德经》在政治上主张出世、避世，因此，不愿意事政，主张"无为"、"无欲"，但《道德经》在提倡"无为"的同时又指出"无不为"，如曰：

道常无为，而无不为。(三十七章)

说明《道德经》的"无为"并非真无为，因为要顺从自然不能妄为，所以，其最终目的是"无以为"，而无以为的精髓又是"自然无为"，即"道法自然"。道法自然是《道德经》无为而无不为的精髓，这一原理应用到社会伦理上，强调社会也应像自然界一样，一切顺从自然。

人法地，地法天，天法道，道法自然。(二十五章)

老子认为社会和自然界一样，应减少人为的成分，才能太平，所谓"不欲以静，天下将自正"(三十七章)，人们如果都减少一些欲望的话，社会就会安静，天下将自能归正。因此《道德经》认为只要各自退避三舍，少一点欲望，社会也就没有什么争斗，就会自然平静，于是主张"小国寡民"、"世外桃源"。如曰：

小国寡民……甘其食，美其服，安其居，乐其俗。邻国相望，鸡犬之声相闻，民至老死不相往来。(八十章)

《道德经》向往的是"桃花源"一样的自然国、自然村，过着不争不斗、甚至无知无识("绝圣弃智"，"无知无欲")的生活。

庄子在老子自然道德观的基础上作了进一步的发展，他主张"善在自得"，"不奔命于仁义。"（《庄子·骈拇》）

庄子在其相对论基础上提出的"物任其性"、"无待逍遥"，反映了他独特的自由浪漫的个性，对后世的自由人生有很大的影响。如曰：

若夫乘天地之正，而御六气之辩，以游无穷者，彼且恶乎待哉！故曰：至人无己，神人无功，圣人无名。（《庄子·逍遥游》）

杨力启示

> 庄子认为如能顺天地之气遨游于广袤无际的天穹，便能无碍无束，获得人间的大自在，便可以无所憾，这充分反映了庄子的自由人生及高度浪漫的个性。

（三）返朴归真

返朴归真是老子奋斗的最终目标，故"朴"成为《道德经》道德标准的最高境界，如：

常德乃足，复归于朴。（二十八章）
复归于婴儿。（二十八章）

所谓朴，指真朴，即混沌原始、天地初开、大德完全的真朴时代以及"婴儿"时代。在人类社会的开始，即人还是幼儿时，人的品德是真朴无邪，没有侈欲妄念，没有邪恶孳生，人人都是纯洁无邪的。

老子看到了社会愈发展，人的思想愈复杂，因此他竭力主张返复到人类社会刚开始时期或孩提时代的纯洁真朴，故强调纯真朴实是《道德经》伦理的重要特色之一。

庄子在"返朴"上作了无限的发展，他在蝴蝶梦中悟出的"物化"，反映了他回归真朴自然的洒脱个性。如曰：

> 昔者庄周梦为胡蝶，栩栩然胡蝶也。自喻适志与！不知周也。俄然觉，则蘧蘧然周也。不知周之梦为胡蝶与？胡蝶之梦为周与？周与胡蝶，则必有分矣。此之谓"物化"。（《庄子·齐物论》）

庄子我与万物的融一，"天地与我并生，万物与我融一"，进一步发展了老子的自然道德观，更加突出了道家倾向自然的人生伦理和个性，奠定了道家离世、清高的人生观。

三、《道德经》伦理思想的反思

尽管《道德经》的无欲无为思想相对而言是比较消极的、脱离现实的，但在今天这样竞争激烈的时代，如果没有一点阴柔的气质协调一下，也是不行的。

《道德经》的"柔弱胜刚强"，启迪了另一种取胜策略，即柔中有刚，后发制人。老子的这一战略可以有效地避其锋芒，蓄积力量，伺机而出。

《道德经》的"小国寡民"理想虽然原始，但却提供了一个"甘其食，美其服，安其居，乐其俗"的和平共处的社会蓝图。

杨力启示

《道德经》的无欲在今天物欲高度膨胀的社会将具有愈来愈重要的价值。物欲是竞争的祸根，《道德经》的知足对缓解当今无止境的物欲膨胀危机有着深远的意义。要知道人的欲望是无止境的，然物质条件却是有限的。

权欲也同样如此，是一切阴谋格斗的根源，故《道德经》提出"不争"、"无为"、"居下"、"容让"，正是杜绝权谋的根本。

私欲是万恶之源。老子主张"少私寡欲"正是铲除妄欲的对策。

当今是竞争激烈的时代,《道德经》的居下、不争、无为是不现实的,但今后随着时代的发展,竞争将会愈加剧烈。到一定的时候,物极必反,《道德经》的容让、居下、不争的人生哲理势必被人们重新估价。

庄子洒脱的个性和他对回归自然的向往也启示了人生还有另一种甘美。

图 24　清静为天下正

老子和庄子选择的道路,是一种重精神自由、轻物质享受的道路,具有另一种人生价值,尤其是对大自然的钟情更有另一番情趣。大自然既是无际的,也是无私的,融入大自然中,确可陶冶情操,淡泊心志。

人生活在天地之中，除应处理好人际关系之外，协调人与自然的关系也是非常重要的。

老子、庄子偏重于人与自然的融一，从大自然中去吸吮甘美，也是人生的一种超脱。并且在大自然中还可以得到在人际社会中得不到的温馨，由于大自然有着人类社会所匮乏的优势，难怪古今中外，道家、佛家芸芸众生推崇大自然、置身于大自然者颇多。在这有限的人生中，能够在无限的大自然中去寻找慰藉也是必要的。当今旅游事业如此发达，实不无原因。

杨力启示

老子、庄子的人生哲理启示我们，人生幸福的含义还有另一种的层次，人生旅程也是多途径的，并非只有在尘世的羊肠小道中获胜的人才是强者，从另一条道上攀登的人也并非是弱者。

第四节 《道德经》与人生哲理

和《论语》相反，《道德经》选择的是另一种人生哲理。

一、自然人生观

老子的人生观根源于他的世界观，《道德经》的世界观是"道法自然"，所以《道德经》的人生观也同样是"法自然"的。如《道德经》曰：

> 人法地，地法天，天法道，道法自然。（二十五章）

因此《道德经》的人事、人生是法自然的，一切依循自然，顺其自然规律发展便是最轻松自如的人生。

和孔子的奋斗人生不同，老子主张的是自然人生。

老子认为生命是自然的，因此，人的一生也应该是自然生息的，不应人为地妄作。如曰：

> 以辅万物之自然而不敢为。（六十四章）

人生应如对待万物的生长一样，应辅助其自然生长，而不要妄加干预，即所谓自然无为。比如一个人的性格和爱好应顺其天性而不要妄加干扰，故老子强调：

> 希言自然。
> 飘风不终朝，骤雨不终日，孰为此者，天地。天地尚不能久，而况于人乎？（二十三章）

干扰、妄为、兴风作浪，违反自然规律，天地尚且不能长久，而况于人？

老子还认为"法自然"的最高境界是"复归于朴"（二十八章）。朴，未雕琢之木材，指人类社会开初时的纯真思想境界，那时没有邪恶，没有膨胀的物欲、权欲，人们和平友善相处。现在的人聪明得太过了，所以老子主张"大智若愚"，在物欲和权欲方面应糊涂一点，难怪后世大书法家郑板桥的"难得糊涂"竟成为千古绝句。

《道德经》不但强调人生的发展应顺其自然，即使国家社会也不例外，应利用自然转趋，不要随便强行转向或强行妄作。《道德经》提出："治大国若烹小鲜"（六十章），治理国家要顺乎自然，要少翻动，只有顺应自然发展规律，才能治理得当。故曰：

> 功成事遂，百姓皆谓我自然。（十七章）

二、淡泊人生观

（一）无私无欲

老子一生淡泊无欲，主张无私无妄，他提出"少私寡欲"、"恬淡为上",指出:五色令人目盲;五音令人耳聋;五味令人口爽;驰骋田猎令人心发狂;难得之货令人行妨(十二章)。并认为私欲是万恶之首,尤其奉劝为首的人要身先士卒,先人后己,先公后私。如曰:

是以圣人后其身而身先,外其身而身存。(七章)

不以其无私邪?故能成其私。(七章)

杨力启示

老子的目的是提醒执权者首先应无私无欲,天下才能大公,如果执权者都能做到"少私寡欲",那么天下势必太平,如果人人都能无私无妄,那么也就不会有阴谋和格斗:"我无为而民自化;我好静而民自正;我无事而民自富;我无欲而民自朴。"(五十七章)强调执政者首先做到无私无欲才能民富国强。

(二)不争无为

老子的处世原则为不争无为。"无为"是老子著名的格言,老子主张以无为治身,以无为治国。无为指自然无为,指依循事物自身的运动规律去发展。不强行干扰,由于各人有各人自身的发展规律,因此完全没有必要去和别人争。关键在于自己如何去驾驭,注重自身的运动规律,这就是老子不争、无为、居下、取后、退让的思想基础。

但《道德经》的不争,并非真"不争",无为亦非真"不为",而是:

与其不争,故天下莫能与之争。(六十六章)

以至于无为,无为则无不为。(四十八章)

为无为,则无不治矣。(三章)

意思是符合自然发展规律的,顺着自身的运动规律去发展,最终必然为别人所不争,为别人所不为。譬如水,"水善利万物而又不争"(八章),

水的本性就是善利万物的，因此没有必要去争。火有火的作用，水有水的能力，水火本来就是不相容的，相互争斗反而两败俱伤。不如各自发挥自己的作用，相安无扰反而俱上。

同样，少点邪欲妄为，专心于为的人反而能获得成功，能无不为。反之，那些机关算尽，天天处心积虑、争前恐后的人，反而无所为。足见老子的无为无不为、不争居下是一种弹性竞争，曲线前进，是一种更巧妙的斗争艺术，不能以消极地概而论之。《道德经》还强调：

爱民治国，能无为乎？（十章）

《道德经》的无为并非不爱国为民，而是指少一些"私为"，才能有所"公为"。

杨力启示

上述，从《道德经》的无为无不为分析，说明《道德经》的"无为而无不为"是另一层次的有为，这种无为不是一般境界，只有无私少欲的人才能达到。

（三）知足少知

强调"知足"、"少知"是《道德经》的又一重要观点。《道德经》强调不知足是一切祸害的根源，如曰：

祸莫大于不知足。（四十六章）

因此，《道德经》反复告诫人们要知足：

知足者富。（三十三章）

知足不辱，知止不殆，可以长久。（四十四章）

故知足之足，恒足矣。（四十六章）

人的欲望是无止境的,不知足是痛苦的根源,只有知足才会得到幸福。

其次,在强调"知足"的同时,《道德经》又强调要少知,认为:

> 民之所以难治,以其智多。(六十五章)

老子指出,有的人之所以事多,就是因为心机太过,所以他强调"以无事取天下"(五十七章),执政的人更要"少知"、"无事",即少点私事私谋,才能取天下。

> 故圣人云:我无为而民自化,我无事而民自富,我好静而民自正,我无欲而民自朴。

上述可见,老子是一位非常有涵养的人,他的知足人生观对被欲望膨胀得大脑发热的人来说,不能不说是一剂最好的清凉药。

并且,《道德经》的少知,并非指无知,而是该知的要知,不该知的就没有必要知。所谓"大智若愚",即心机要用在正处,有的人心机太过,聪明反被聪明误,所以该糊涂的时候,还是糊涂一点为好,事事聪明的人,反而不聪明,小事糊涂的人,大事才聪明。

杨力启示

《道德经》的少知和禅宗的"不立文字"的实质是一样的,少知道点不必知道的事,主要的知识理解得深一点,《道德经》的"绝圣弃智"(十九章)恐怕就是这个意思。

三、出世人生观

老子主张的出世人生,主要是在精神生活上的出世,包括"小国寡民","邻国相望,鸡犬之声相闻,民至老死不相往来"。即各安本分,不相往来。《道德经》的不争、无欲、无为都是精神生活上的出世，老子反对竞争，主张"少私寡欲"，向往平静和谐的生活，说明《道德经》的出世并非离世，而是看破世尘。在这样的人生观支配下，《道德经》全书充满了避世观念。

> 知者不言，言者不知。塞其兑，闭其门。挫其锐，解其纷，和其光，同其尘，是谓玄同。（五十六章）

明明知道的却要装作不知道，关其门，闭其户，磨其锐志，少露锋芒，蓄敛光耀隐遁于尘世。

《道德经》的遁世观点还表现在不露锋芒。如曰：

> 持而盈之，不如其已，揣而锐之，不可常保，金玉满堂，莫之能守，富贵而骄，自遗其咎。功遂身退，天之道。（九章）

东西装得太满有倾失的危险，刀磨得太锋利，反而有易伤挫锋芒之患，金玉满堂的恐怕飞来横祸，富贵而骄的必遭人恶。因此，万事皆避免太过，功成名就，就应立即急流勇退，以全其名而免遭祸虞。另外，《道德经》提出的"曲则全"，"柔弱胜刚强"都是指蓄积力量、后发制人的策略。总之，暂时的隐退是为了取得更好的前进时机。

《道德经》提出的"三宝"，其中"不敢为天下先"就是讲处世最忌锋芒毕露。

> 我恒有三宝，持而宝之：一曰慈，二曰俭，三曰不敢为天下先。（六十七章）

老子的"不敢为天下先"，告诫人们要善于藏蓄，否则锋芒过露易遭人妒忌和暗算。

图 25　圣人常无心，以天下心为心

第五节　《道德经》的启示

《道德经》的人生观，和孔子、儒家比较，确实比较消极，老子的思想反映了当时没落阶级对现实的不满，从而采取另一种消极避世的人生态度。但《道德经》的许多人生哲理及处世哲学却是可以借鉴的。

第一，老子的另类人生哲理

《道德经》的思想反映的是更深一层次的另一面的思想境界，即从事物的反面来理解事物，因此他的人生哲理，往往是反向的人生哲理。如孔子提出要积极关心社会、参与社会、改革社会，老子则仅是主张避世离尘；孔子主张向上奋发，老子则说要居下、不争；孔子主张刚健，老子则提出要柔弱；孔子倡举要奋发忘食，老子则主张无为无欲；孔子竭力强调要学知识要教育，老子则主张要"绝圣弃智"；孔子主张"克己复礼"，老子则提出"小国寡民"……老子反向的人生哲理最终是要"返朴归真"，"复归于婴儿"，反映了老子对尘世的厌恶，对虚伪的憎恨，而向往真朴，追求清静。

第二，老子的法宝是"曲则全"

老子的人生哲理最重要的莫过于《道德经·二十二章》所说："曲则全。"老子的"柔弱胜刚强"、"无为而无不为"、"唯不争故天下莫能与之争"都是曲折人生的反映，诸如"大器晚成"、"进道若退"（四十一章）等，皆是老子曲折人生的具体实践。曲折人生启示人的一生应能屈能伸，能上能下，能进能退，要经得住起伏和坎坷，越是善于退的人，最终越能进。

第三，老子主张静

包括神静和形静，神静包括无欲、知足、不露，形静指无为、无扰、不争。在此原则下，老子主张为人要"少私寡欲"，为政要"清静无为"少翻动。"治大国若烹小鲜"，便是清静无为的具体体现，各人相安无忧，社会自然安宁。正如《道德经》所说：

> 故圣人云：我无为而民自化，我好静而民自正，我无事而民自富，我无欲而民自朴。（五十七章）

就是说为政者，如能首先要求自己无为、无欲、清静无事，则百姓自然归朴安宁。

总之，《道德经》的人生哲理反映了人生途径的另一面，如果说儒家人生是阳性的、显性的人生哲理，那么老子道家则是阴性的、隐性的处事原则，二者在人生的旅途上各显神通，各有所长。此二种人生哲理应该互补互用，不仅是一个国家或一个民族内部应该互补，就是在每个人的一生中也应该是互补的。人的一生要经历许多阶段，并非只适用一种处世哲理，有时候《道德经》的哲理反而容易取胜，因为其采用了一种迂回的办法，容易麻痹对方。

杨力启示

综上所述，以老子、庄子为核心的中国传统伦理思想，对中华民族文明素质的筑建曾经起到了不朽的作用，批判地弘扬其中有积极作用的方面，应该是弘扬传统文化的一个重要组成部分。

第三章 《道德经》哲学智慧

《道德经》——道家的经典。其学术思想对中国的传统文化尤其是哲学、宗教皆产生了广泛而深刻的影响。

《道德经》又是一部和《论语》截然不同的著作,《论语》是一部讲人道的巨著,《道德经》则是一部谈天道之书。

《道德经》消极的出世观虽然无法让人接受,但其中有许多思想格言、伦理警句和哲理命题,皆历时千古而不衰。从不同的角度,同样对中华民族的品格形成产生着深刻的影响。

第一节 《道德经》是一部哲学瑰宝

《道德经》全文仅五千字,为道家的主要经典,是对中国社会、思想、文化皆有重要影响的巨著,是一部哲学瑰宝。

《道德经》分为上部《道经》、下部《德经》,总称为《道德经》,成书于战国中期。作者不一定为老子本人,但主要反映了老子的思想,估计为老子的追随者所写。

老子为道家创始人,相传为春秋时代的李聃。《史纪·老子韩非列传》载:"老子姓李氏,名耳,字聃。"但至今老子究竟是否即《史记》中的老莱子、老聃、太史儋其中一人,还无定论,但道家大抵皆推崇老子为老聃之说。

图 26　治大国若烹小鲜

　　1973 年马王堆汉墓出土的帛书《道德经》，分为甲、乙本，上篇为"德篇"，下篇为"道篇"，对研究《道德经》有重要价值。

　　关于《道德经》研究的著作，有成百上千之多，《正统道藏》已收载五十余种，最早注本为战国韩非的《解老》《喻老》。现在通行本主要有汉河上公《老子注》，作者不详的《老子想尔注》，魏王弼的《老子注》，唐傅奕的《道德经古本篇》，清魏源的《老子本义》等，近代以任继愈的《老子新译》较为著名。

图27　以正为治

第二节　《道德经》的哲学名言

一、《道德经》的人生哲学名言

（一）《道德经》道本体产生的时代背景

《道德经》由于对政治、社会采取消极回避的态度，因此全书的宗旨和《论语》截然不同，它回避人与社会的问题，而全力转向于探讨人与自然的关系。因此,首先便热衷于宇宙本体论的探讨。

《道德经》产生于奴隶制大崩溃、封建制兴起的大变革时期。对新兴的封建制度的不满,导致了《道德经》虚无主义的宇宙观。

人生观的虚无,导致了对客观事物的否定,所以《道德经》认为宇宙的本体——"道"是"恍惚"的,"无状之状"、"无象之象",视之不见,听之不闻,归根结底是虚无的,从而提出了"有生于无"(四十章)的道本体论核心观点。如:

图28 唯不争,故天下莫能与之争

第三章
《道德经》哲学智慧

图29　千里之行，始于足下

图30 祸莫大于轻敌

其上不皦,其下不昧,绳绳不可名,复归于无物。是谓无状之状,无物之象。(十四章)

(二)《道德经》道本体的两重性

在《道德经》中,关于道的讨论,主要集中在第一章、十四章、二十一章及二十五章。《道德经》对道的认识,总体上是客观唯心主义的范畴。如:

有物混成,先天地生。寂兮寥兮!独立而不改,周行而不殆。可以为天地母。(二十五章)

其中"先天地生"、"独立而不改"都说明《道德经》的道是先生于万物的，独立而不变的，派生万物的精神实体，是超自然的和先验的。且《道德经》还强调道是"无状之状，无物之象，是谓惚恍"（十四章），并突出"有生于无"，因此，主调是玄虚的、唯心的，但《道德经》道中也有唯物的一面，如：

> 道之为物，惟恍惟惚。惚兮恍兮，其中有象。恍兮惚兮，其中有物。窈兮冥兮，其中有精。其精甚真，其中有信。（二十一章）

杨力启示

《道德经》的道虽有两重性，但由于虚无主义的世界观的消极影响，导致其中唯物主义的成分很薄弱，因此很轻易地便被《庄子》彻底引向了唯心主义的道路。

（三）从《道德经》到《庄子》

《庄子》把《道德经》的道本体彻底唯心化。庄子和名家惠施交往很深，与他的齐物观相当合拍。受其影响，《庄子》高度发展了相对主义，并将其绝对化，由于相对主义的绝对化，取消了事物质的规定性，从而把老庄思想推向了主观唯心主义和虚无主义的深渊。如《庄子》著名的《逍遥游》《齐物论》《大宗师》反映了庄子无待、无己、无拘无束的逍遥游思想。如果说《道德经》还尊崇一个派生万物之母——道，那么《庄子》就连这一道也不稀罕了。《庄子》不但不受他物的限制，甚至连"自己"这个物质也一笔勾销了。《庄子》认为大鹏虽能搏击九万里，但仍需待风力，鲲鱼虽然能游三千里，同样要待水力，因此他认为鹏、鲲都不能称逍遥游，因它们是"有待、有己"的，即须依赖一定的条件，而之所以要依赖外力，是因为有自己的存在。因此《庄子》提出只有"无待无己"，即取消自身与万物的差异，才能达到真正的逍遥游。《庄子·齐物论》篇便是《逍遥游》的理论阐述。

图 31　以其不争，天下莫能与之争

第三章
《道德经》哲学智慧

图 32　天地相合，以降甘露

图33　民不畏死，奈何以死惧之

否认了物质的差异性，当然也就取消了事物质的规定性，如《齐物论》的鱼我同一，便可说明。由于强调我与万物皆一，实质上即取消了主客观世界的界限，抹杀了主客观世界的对立统一关系，从而陷入了主观唯心主义的泥坑。

杨力启示

> 从《道德经》到《庄子》，标志着我国古代唯心主义哲学从客观唯心主义向主观唯心主义的发展过程。
>
> 综上所述，《道德经》以几个主要篇章通过对道的论述，体现了《道德经》客观唯心主义的宇宙观，奠定了道家形而上学的意识形态基础。

二、《道德经》的辩证哲学名言

《道德经》的又一瑰宝是其丰富的辩证法思想。

(一)《道德经》丰富的辩证法思想

《道德经》非常重视矛盾现象,尤其强调事物的有无、强弱、刚柔、正反、祸福、生死……并认为这些对立面之间是互为依存、相互制约的。如曰:

> 祸兮福所倚,福兮祸所伏。(五十八章)
>
> 有无相生,难易相成,长短相形,高下相倾,音声相和,前后相随。(二章)

《道德经》强调事物之间不仅是矛盾着的,而且是对立统一的,同时它又注意到了矛盾双方的转化,即物极必反之意。如:

> 曲则全,枉则直,洼则盈,敝则新,少则得,多则惑。(二十二章)

(二)《道德经》辩证法的弱点

《道德经》和《易经》都有丰富的辩证法思想,二者都强调矛盾双方的转化,但却有着质的区别。其中《易经》非常强调人为的转化,即积极创造条件,促进事物的转化。因此《易经》的辩证法思想是积极的。反之,《道德经》忽视人为在事物转化中的积极作用,过分强调"道法自然",事物转化过分依赖于自然,等待自然转化而不是去积极地创造转化条件。毛泽东同志指出:"没有一定的条件,斗争着的双方都不会转化。"(《毛泽东选集·关于正确处理人民内部矛盾的问题》)《道德经》轻视转化的条件,从而使《道德经》的辩证法思想显得有些无力。如:

图 34　高者抑之，下者举之

第三章　《道德经》哲学智慧

图35　水善利万物而不争

守柔曰强。（五十二章）

由于《道德经》片面地强调统一，忽视了斗争在对立统一中的作用，因此，对事物的转化不主张积极创造条件去争取，而是依赖自然，依靠等待。总之，《道德经》过分强调事物之间的统一性，而忽视其斗争性。因此，对事物的转化虽然站在弱小的一方，但采取的态度却是回避矛盾、不求斗争，从而大大削弱了《道德经》辩证法的现实意义。而《易经》的辩证法却鼓动人们去积极斗争，积极创造转化的条件，因此有很强的现实意义，所以生命力很强大。

《易经》重视事物的运动变化，强调新生事物。而《道德经》则"不敢为天下先"，蔑视新事物的替代，死守旧事物。要知道旧事物的柔弱是腐朽的象征，只能趋向灭亡，而不可能转向强大。

这就是《道德经》辩证法存在的弱点。

（三）《道德经》辩证法的成就

《道德经》的辩证法思想是我国春秋以前辩证法思想的集大成。

《道德经》辩证法思想的成就主要有三：

图36　人之生也柔弱，其死也坚强

第三章
《道德经》哲学智慧

图37　千里之行，始于足下

图38 多言数穷,不如守中

第一,《道德经》已认识到事物之间的对立是宇宙的普遍规律。

《道德经》高度重视事物之间相互依存、相互制约的辩证关系。《道德经》非常重视事物之间的对立统一关系,并以大量的内容阐述了这一关系,如美丑、善恶、高下、大小、生死、有无、刚弱……所举对立面是古代所有著作中最全面的。尤其突出自然方面存在的矛盾，对儒家强调社会矛盾做了补充。说明《道德经》已注意到事物之间的对立与统一是万事万物的普遍规律。

第二，《道德经》高度注意事物之间的转化规律。

尽管《道德经》对事物之间转化规律的认识是不全面的，但其高度重视事物之间的转化却是辩证法的一大成就。尽管《道德经》把事物之间的转化看成是绝对的、无条件的，把事物之间本来应该是积极的转化规律消极化、"无待"化，但《道德经》强调事物的统一，却又补充了《易经》辩证法中重斗争之不足。

第三，《道德经》辩证法贵柔、静、无，大大发展了事物对立的另一面，是对《易经》辩证法重刚、动、有的补充。儒家重乾、刚，道家贵坤、柔，这是两派的社会思想基础。由于社会思想的不同，从而影响到两派的哲学观都不是全面的。《道德经》的贵柔静派补充发展了儒家的另一面，对我国古代辩证法的全面发展做出了新的贡献。

三、《道德经》治国哲学——无为而治

"无为则无不治"是《道德经》第三章提出的政治哲学，反映了《道德经》杰出的治国智慧。

（一）《道德经》的无为观

第一，"无欲"是"无为"的前提。

《道德经》以无为作为行动纲领，并认为只有"无欲"才能做到"无为"，故《道德经》主张"寡欲"（十九章）、"常无欲"（三十四章），并鲜明地提出要"常使民无知无欲"（三章），且申明无欲的目的是使人民的心思不乱。如曰"不见可欲，使民心不乱"（三章），"不欲以静，天下将自正"（三十七章）。

图39 无为而治

第三章
《道德经》哲学智慧

图40　冲气以为和

图 41　祸莫大于不知足

第三章 《道德经》哲学智慧

图42　大器晚成

知足是无欲的基础，为了达到无欲的境界，《道德经》强调要知足。故曰：

罪莫大于可欲，祸莫大于不知足。（四十六章）

此外，《道德经》"有生于无"（四十章）又是"无欲"的根由，正因为现实是虚无的，所以欲望也应该是虚无的。总之，虚无才能无欲，无欲方能无为。正如五十七章所言"以无事取天下"，六十三章所言"为无为，事无事。"

第二，主守。

《道德经》无为主张的又一要点是主守，主守的目的在于以退为进、以守为攻。如二十二章提出："曲则全，枉则直，洼则盈，敝则新，少则得，多则惑。"委曲反能保全，忍枉反能伸直，卑下反能充盈，旧的反而得新，少取反而多得，多得反而迷惑。体现了《道德经》退守反能进攻的观点，说明《道德经》善于从辩证法思想的反面观察事物。

九章提出"功遂身退，天之道也"，和《易经》的"自强不息"是大相径庭的，充分反映了老子的另类。

第三，不争。

《道德经》强调"不争"，并认为"以其不争，故天下莫能与之争"（六十六章），故曰："圣人之道，为而不争。"（八十一章）

《道德经》的不争是在于宣扬柔弱胜刚强，如曰："柔之胜刚也，弱之胜强也"（七十八章），"天下之至柔，驰骋于天下之至坚。"（四十三章）

《道德经》以不争为德，"不争之德"（六十八章），"人之道，为而弗争"（八十一章），说明《道德经》强调以不争取胜的保守观点。

杨力启示

　　《道德经》的"不争，故天下莫能与之争"和"无为无不为"的思维方式是一致的，同样犯了古代名家"齐物论"的错误。只强调两个对立面的统一，而忽略了对立面之间的对立，以及只强调对立面之间的转化而不重视转化的条件。思维方式的不同导致处事特点的不同。

第三章
《道德经》哲学智慧

图 43　故知足之足，常足矣

图44 修之于身，其德亦真

图45 千里之行,始于足下

图 46　祸莫大于不知足

(二)《道德经》"无为而无不为"

《道德经》的无为而无不为，是辩证的哲理，正如世人所说，无为正是为了无不为。

老庄思想受同代名家思想的影响极大，《庄子》尤甚。名家的齐物观把相对主义绝对化，认为事物之间不存在质的差别，主客观世界是等同的，因此取消了改造客观世界的必要性，从而把老子的无为而无不为消极化。然而老子的无为而无不为是辩证的哲理，不能简单地以消极概之。

> **杨力启示**
>
> 无为而无不为是《道德经》进、退策略的总结，其思想深意实际上是无欲无为的辩证关系。老子的这一观点历来都有争议，然而无论是积极的还是消极的，都是老子治国哲理的高层次辩证观。

（三）《道德经》的小国寡民

"小国寡民"是《道德经》无为而治的最终目的，是安于现状甘居落后的消极政治观。

《道德经》小国寡民的特点是："使民复结绳而用之，至治之极，民各甘其食，美其服，安其俗，乐其业，邻国相望，鸡犬之声相闻，民至老死不相往来。"（八十章）

小国寡民思想是没落贵族为了逃避新事物而回避现实的选择，证实了《道德经》反映的是没落贵族的消极心态。

小国寡民思想的阶级根源在于没落的奴隶主贵族阶层在新兴的地主经济势力冲击下，因复旧无望而产生的逃避意识。在这样的历史条件下，隐士们对结绳古代的向往并非偶然。这也证实了《道德经》"无为而治"的社会根源。

《道德经》的小国寡民和儒家的大同思想截然相反。可以见得：代表没落贵族利益的《道德经》和代表新兴地主阶级思想的儒家，二者在社会思想方面有着本质的差异。

> **杨力启示**
>
> 总之，小国寡民反映了《道德经》无为而治的意识心态，充分体现了其辩证的政治观。

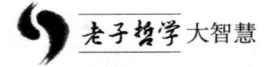

第三节 《道德经》的历史地位及其影响

《道德经》对中国文化的影响是重大的,对哲学(尤其辩证法思想)、人生哲理、治国思想都曾经产生过深刻的影响。尽管有消极的一面,但也反映了《道德经》符合中国某些特定历史时期以及某些社会阶层的需要。

一、《道德经》在道家的地位及其影响

《道德经》是道家的经典,对道家的发展有着极其深刻的影响。

图47 足不出户,知天下事

第三章 《道德经》哲学智慧

《道德经》分为《道经》及《德经》，奠定了道家的理论基础。

第一，《道德经》虚无的道学奠定了道家无欲无为的世界观。

《道德经》认为，宇宙的根源——"道"，是玄虚的、"惟恍惟惚"的，以及视之不见，听之不闻，触之不及的。总之，是无形、无物、无状的。归根结底，《道德经》的"道"即是"无"，于是在道无的基础上产生了"有生于无"的观点。既然世界是"无"，那么人的世界观也应该是无欲无为的，从而说明《道德经》的道理论奠定了道家无欲无为的世界观基础，对道学的道家化产生了重大影响。

第二，《道德经》无欲无为的世界观，奠定了道家的神仙思想。

《道德经》无欲无为的世界观对道家神仙思想的形成产生了深刻的影响。神仙境界是《道德经》无欲无为的升华，也是《庄子》逍遥游的思想根源。道教神仙思想形成，老子随之被尊为神仙，《道德经》思想也逐渐开始了向神化道路的转化。

第三，《道德经》无欲无为的思想，促进了《道德经》的宗教化。

无欲无为促使人厌世和避世，其结果是走向出世的道路。再经过道家张陵等的推崇，《道德经》被宗教化，老子也被奉为教主并被冠以"太上老君"的尊称。《道德经》从此也就成了道教的经典，对道教的发展产生了深刻的影响。

杨力启示

《道德经》被道家从神化发展为宗教化，并成为道家及道教的理论经典，对道家及道教的发展皆产生了深远的影响。

图48 不出户，知天下

图49　不为天下先

二、《道德经》在中国哲学的地位及其影响

《道德经》的哲学特点是深刻的、丰富的,在中国哲学史上有着重要的地位及影响。其影响主要在其辩证法思想,概括约有如下几方面:

第一,《道德经》的辩证法思想在中国哲学中的地位及其影响。

《道德经》的辩证法思想以其极为丰富而系统的特点,堪称继《易传》之后中国古代哲学思想的又一集大成者。和《易传》贵刚、主动、崇健相反，《道德经》是贵柔、主静、尚顺，《易传》和《道德经》各发展了《易经》乾坤辩证纲领的一个方面。由于《道德经》发展了《易传》辩证法的另一方面，从而使中国古代的辩证法思想获得了全面的发展，成为世界古代辩证法的瑰宝，这是《道德经》对中国及世界哲学的最大贡献。

首先，《道德经》唯心主义的道学奠定了中国古代唯心主义哲学的理论基础，对道学、道家及玄学的发展都有极为深刻的影响。

图50　知足不辱

图51　玄德深矣，远矣……然后乃至大顺

其次，《道德经》辩证法思想的影响是深刻的，它启示了另一种思维方法，提供了反向思维的框架，对中国古代思维的发展起到了重要的刺激作用。

但《道德经》的辩证法思想在中国哲学中的影响又是有限的，因为《道德经》主张静，导致了它的反动观，从而窒息了它的生命力。《道德经》主张倒退，反对进取，增加了消极的成分，以至于大多数人不能接受，这就是《道德经》的辩证法思想虽然在中国哲学中有重要地位，但一直存在争议的缘故。

第二，《道德经》的政治思想在中国社会中的地位及其影响。

《道德经》的哲学思想是消极的，因此决定了它政治思想的腐朽，具体表现在它消极的治国思想，如主张无为而治、小国寡民、绝学弃智……其宗旨在于甘居落后、杜绝文明，回到那"使人复结绳而用之"的时代。

《道德经》的政治思想的消极性还在于宣扬蒙昧主义，主张"不尚贤，使民不争"，"常使民无知无欲"（三章），"不欲以静，天下将自定"（三十七章），"绝弃圣智，民利百倍"（十九章），"绝学无忧"（十九章），其愚民思想达到了极致，如曰："古之善为道者，非以明民，将以愚之。民之难治，以其智多。故以智治国国之贼，不以智治国国之福。"

更有甚者，《道德经》还提倡封闭，主张小国寡民的封闭政策，反对大国统一，杜绝外交，把国民囹圄起来，如八十章写道："小国寡民，……使民重死而不远徙，虽有舟舆，无所乘之……邻国相望，鸡犬之声相闻，民至老死不相往来。"

《道德经》甘居落后、无欲不争以及愚民政策、封闭锁国等治国思想在中国社会发展史上，由于儒家的有为竞争、大国统一思想的抵制而没有产生重大影响。但在中国历史上一些分裂时期，以及衰落阶段也曾被青睐，并在一些隐士及政治失意的阶层中也有一定影响。

当然，《道德经》的治国思想中也有值得借鉴的内容，如其"治大国如烹小鲜"（六十章）曾被美国总统里根引用，而使《道德经》一书在美国一时成了畅销书。

第三章
《道德经》哲学智慧

图52　静胜躁，寒胜热

图53　宠辱不惊

杨力启示

《道德经》的治国思想总体上虽然有一定程度的消极,但在中国社会发展史上的影响仍然是较大的,其社会影响仍然是深刻的。

第三,《道德经》的人生哲理在中国社会思想中的地位及其影响。

第三章 《道德经》哲学智慧

《道德经》的处世哲学在中国社会中影响是比较大的，其人生哲理可以概括为柔、顺、静、守四字，处世哲学则为忍、退、不争、不斗。

《道德经》由于受古代名家齐物论的影响，在认识论上持绝对相对主义的观点，在哲学上过分强调对立事物之间的统一。因此，把无为与无不为、争与不争、有与无、柔与刚、坏与好、正与反……统一化，忽视了其间质的差异，轻视它们的转化条件，从而导致了在社会观、人生哲理、处世哲学等方面的另类。

《道德经》的"无为无不为"（四十八章）、"夫唯不争，故天下莫能与之争"（六十六章）、"柔弱胜刚强"（三十六章）等重要命题既是上述观点的集中体现，同时也是古代名家贵辩哲学在《道德经》中的反映。

如是，祸与福之间："祸兮福所倚，福兮祸所伏"（五十八章）、好与坏之间："正复为奇，善复为妖"（五十八章）、弱与强之间："兵强则弱，木强则折"（七十六章）……都等同化了，抹杀了二者的本质区别和转化条件，于是在处世哲学方面便取消了竞争，主张退让和守后。

在上述观点的支配下提出了一些比较另类的人生哲理，成了《道德经》的主要格言。如："不争之德"（六十九章）、"不争而善胜"（七十三章）、"以无事取天下"（五十七章）、"不为而成"（四十七章）、"柔弱处上"（七十六章）、"功遂身退天之道"（九章）、"知其荣，守其辱"（二十八章）、"无为，故无败，无执，故无失"（六十四章）、"后其身而先身"（七章）、"曲则全"，"少则得"（二十二章）、"知足者富"（三十三章）……

这些格言在中国古代一些历史时期及某些阶层中曾经产生了较大的影响。

此外，《道德经》的一些观点在军事上也产生了很大的影响。如："以奇用兵"（五十七章）以及六十七章至六十九章以守为攻的用兵策略等对兵家都很有启发意义。

《道德经》的一些名言如"千里之行，始于足下"、"柔弱胜刚强"、"祸兮福之所倚，福兮祸之所伏"……对后世都有重大的启发意义。（详见下节）

> **杨力启示**
>
> 综上所述，《道德经》的哲学体系虽然是唯心的，但它刺激了辩证法的发展，其政治思想虽然有消极的一面，但更包含了合理的内核，对中国社会思想的影响总体上是积极的，起到了对对立面制约的作用。

第四节 《道德经》哲学名句选析

《道德经》也称《德道经》，共八十一章，虽然只有五千字，然却博大精深，蕴含着哲学思想、自然科学、政治军事、文学艺术等内容，对中国文化的发展起着重要的作用，为我国传统文化中的瑰宝。

《道德经》成书于战国时代，为老子的后学所撰，既非一人所写，也非著于一朝一代，而是由许多人集体撰写而成的，主要反映春秋时期老聃的思想。

《道德经》是探索宇宙自然界的杰出巨著。老庄道学和孔孟儒学一直是中国传统文化的两大支柱，儒学着重于社会科学的寻求，而道学则偏重于宇宙自然的探索。儒、道两家既是对立的，又是互补的，共同为中国思想文化的发展做出了卓越的贡献。

《道德经》不但是道家的经典、道学的圭臬，并且还是一部自然科学与社会科学的综合巨著，从其蕴含的丰富知识来说，又可算得上是一部优秀的袖珍百科全书，充满了智慧。其中有许多思想格言、伦理警句和哲理命题，皆历时千古而不衰，千百年来对中华民族品德的建树及性格素质的锤炼起到了深刻的作用。《道德经》伦理风范重在对《易经》坤阴厚涵及坎卦柔顺的发扬，故特点为柔中有刚、以守为攻、后发制人和谦让厚道，对中华民族性格的铸造产生了深刻的影响。

一、《道德经》哲理名句选析

《道德经》犹如一颗闪烁着斑斓异彩的宝石，蕴含着丰富的哲理，《道德经》短短五千字，却硕果累累，魅力诱人。其中，最光辉的莫过于"道法自然"，无论是无为无不为或无欲无争，其内核皆为顺应自然。当然顺应自然并不等于听任自然，主要是强调要不违反自然规律。《道德经》的哲理貌似消极却蕴含着积极的内涵，在自然科学方面尤有深远的意义。

《道德经》的道与德为自然神力的两个方面，其中道主生，德主蓄养，二者皆为无人格意志的自然力量，体现了《道德经》的无神论思想，令人折服。

此外，《道德经》充分发展了《易经》坤阴柔顺的一面，其柔中有刚、以守为攻、以退为进的哲理，独具一格，耐人寻味。

《道德经》中许多哲理命题如"万物负阴而抱阳"，"冲气以为和"，"三生万物"等都是哲学中非常光辉的命题。而"祸兮福所倚，福兮祸所伏"更是脍炙人口的哲理警句。

   道法自然。（第二十五章）

本句为《道德经》最著名的哲理论断，是全部书的精粹。原句为："人法地，地法天，天法道，道法自然。""道"，在《道德经》中主要有两个含义，一指宇宙本体，一指自然界发展规律，在这里"道"指万事万物的规律。"自然"，指自然规律。"道法自然"即自然而然，也是不以人

图 54　见素抱朴，少思寡欲

第三章
《道德经》哲学智慧

图 55　老子"致虚守静"

们意志为转移的规律。也即道本于自然，道以自然为根本。

"道法自然"的核心思想实质上是"无为无不为"，无为指顺应万物之自然而不加以人的主观意志，即所谓"道常无为"。无不为则认为顺应自然规律最终便能无所不为，也即万事只有符合自然规律，才能成功。"道法自然"实质为"自然无为"，其精髓在于"自然"二字。

> **杨力启示**
>
> 道的本质即为自然，《道德经》全部书的诣旨就在于"自然"，一切顺应自然规律，不加以主观的约束。老子这一光辉的命题对于宇宙自然规律来说是积极的，唯物的，但照搬于社会规律却是消极的、倒退的，因为人的主观能动性是能改造社会的，不能做命运的奴隶，因此从社会学的角度来说，无为而不争是消极的，应该加以否定。

无为而无不为。（第四十八章）

道常无为而无不为。（第三十七章）

"无为而无不为"的中心思想是自然无为，即应顺应自然规律。无为实为不妄为、不强为，无不为指只有顺应自然规律（无为）才能万为（无不为），也即只有不妄为才能万为。什么时候应该"为"，什么时候"不能为"取决于自然规律，"无为而无不为"是《道德经》驾驭自然规律的法宝，是老子"德"的最高境界。

"无为而无不为"应用于社会则是一种以退为进、以守为攻的战略战术，有很高的权宜性，颇值玩味。

万物负阴而抱阳。（第四十二章）

"万物负阴而抱阳"是《道德经》阴阳对立统一规律的光辉论断。是对《易经》"太极生两仪"，"一阴一阳之谓道"的发挥，是太极阴阳相互作用的体现。负阴而抱阳指太极阴阳鱼合抱，是宇宙阴阳相互作用的精辟缩写，在中国哲学史上有着重要的意义。

冲气以为和。（第四十二章）

冲气，是《道德经》的重要哲学术语，该句紧接于"道生一，一生二，二生三，三生万物，万物负阴而抱阳"之后。冲，《说文》："涌摇也。"《道德经》全书极为强调物极必反的辩证哲理，如"反者，道之动"（四十章），"柔弱胜刚强"（三十六章），"曲则全，枉则直"（二十二章），"冲气以为和"紧接于"万物负阴而抱阳"之后，说明"冲气以为合"应是阴阳二气相互作用、相互冲激后又复归于温和的含义，是形容阴阳二气的作用时而激烈时而柔和，分之为二，合之为一的运动规律。《道德经》对阴阳运动规律掌握得如此神通，是很了不起的。

道生一，一生二，二生三，三生万物。（第四十二章）

本句为《道德经》"一分为三"的哲理论断。《道德经》一分为三，理论源于《易经》的易卦爻位：天、地、人三位的原理。易卦六爻以上、五两爻象天，二、初两爻象地，三、四两爻象人，一卦分为三位，是一分为三哲理的原胚。《道德经》将其发展为"三生万物"，是对《易经》一分为三的发展。"一分为三"在哲学中具有重要意义，对中医学也有重要影响。

道者万物之实。（第六十二章）
道，天地之始，万物之母，众妙之门。（第一章）

"道"为《道德经》宇宙本体论术语，是《道德经》的最高宗旨，也是老子思想体系的核心。"道"的含义在《道德经》中主要为二，其一，指宇宙万事万物运动规律而言。如第四十二章"万物负阴而抱阳，冲气以为和"，在这里道为阴阳运动的概况。强调阴阳的相互作用为事物的运动规律，这是唯物的、辩证的和光辉的，也是老子全书的精华所在。其二，指宇宙本体论。强调"道生一"，道为"天地之始，万物之母"，持"道"为宇宙本体论观点者，则认为道为浑沌之气，无论上述哪一种观点都反映了道家的无神论思想。

> **杨力启示**
>
> 同一时代的西方还处在上帝创造世界的神学世界里，而东方却升起了无神论思想的巨星，足见《道德经》一书的无量价值。

微明。（第三十六章）

微明，是《道德经》洞察事物的原则，即洞察秋毫之意。知微是防微杜渐的先驱，《易经》"知几其神乎……几者动之微，吉之先见者也"，即言要善于洞察几微。如何洞察几微？正如《道德经》所言，"将欲歙之，必固张之"（第三十六章）。即言，才要合拢之，便已预示必将要开放。可见，老子的察微是遵行物极必反的自然规律的，这就是老子有先见之明的缘故。后世"见微以知萌，见端以知末"（《韩非子·说林上》），"见微而知著"（宋·苏洵《辨奸论》）和老子"微明"正是异曲同工。

祸兮福所倚，福兮祸所伏。

这是《道德经》的著名格言，蕴含着浓厚的辩证法意味，通过福祸之间的关系体现了事物的依存及转化关系。祸福相依关系是非常广泛的，推而及之，可用于善与恶、邪与正、好与坏、吉与凶之间，一切对立面之间都不是绝对割裂的，彼此蕴含着转化的潜机。但要注意，事物之间的转化是要有一定的条件的，要充分发挥人的主观能动性，而不是消极地等待自然转化。

本句格言对后世影响甚大，如著名的"塞翁失马，焉知祸福"即是发轫于《道德经》的祸福相依哲言的。

合抱之木，生于毫末。（第六十四章）

本句意在指出万事万物皆由无到有、由小到大。一切行为应遵守循序渐进的规律,和《易经·坤卦》"履霜坚冰至"即"冰冻三尺,非一日之寒"的道理一致。

二、《道德经》伦理名句选析

《道德经》的伦理道德受《易经》坤阴坎卦的影响,崇尚"厚载"和"柔顺"。因此,在伦理道德方面主张厚道宽容、虚怀若谷。但老子虽然主张谦让却并非一味退让,而是以退为进,以守为攻,虽柔情似水,却于柔弱中见刚强,足见老子主张的伦理道德是一种含韧性的美德,和软弱、消极不能同日而语。

此外,老子崇拜水的默默奉献精神和坎坷曲折的经历,告诫为人不宜锋芒毕露,宁肯退避三舍,以免"小不忍则乱大谋"。此外,老子主张少私寡欲、知足莫贪等都是可以借鉴的。老子强调返朴还真,向往人的善良天性,其实是对人们伦理修养的一种鞭策。

至于老子主张自知、自足、自爱,更应该引以为借鉴。总之,老子忍、谦、让的伦理道德是人性中的重要美德的一面,是应该弘扬的,不能以消极软弱概而论之。

> 天下柔弱莫过于水。(第七十八章)
> 上善若水,水善利万物又不争。(第八章)

《道德经》极为崇善水,主要是受《易经》的影响,《易经》曰"坎为水",指水性柔顺,涓涓细流,滋灌着大地,默默地奉献着,应秉承水既"善利万物而不争",又谦泰温和的美德,所谓"柔情似水"。为人既要有水的柔情,也应有水的激情,在必要时水能载舟,亦能覆舟。

> 柔弱胜刚强。(第三十六章)
> 守弱曰强。(第五十二章)

本句是《道德经》名言。老子虽然崇水性之柔,也贵水性之韧性,

即水性虽柔弱，却于柔弱中见刚强。滴水也能穿石，鼓励人们事物是能发生转化的，失败的时候要看到成功的希望。水虽然是柔顺的，但在一定的情况下也能汇成滚滚激流爆发出无穷威力。

千里之行，始于足下。（第六十四章）

本句为《道德经》著名格言。在《道德经》中全句为"其未兆易谋，其脆易破，其微易散，为之于未有，治之于未乱。合抱之木，生于毫末；九层之台，起于累土；千里之行，始于足下。为者败之，执者失之。"本意原为万事由无到有，由小到大，故应注意未兆之先，以防患于未然。和《易经》居安思危的道理是一致的，如《易经》系辞传曰："君子安而不忘危，存而不忘亡，治而不忘乱，是以身安而国家可保也。"后世大多将该句作为意志格言，告诫一切雄心壮志，皆起始于具体行动。和后言"只要功夫深，铁杵磨成针"是一样的道理。

重积德。（第五十九章）
合德之厚，比于赤子。（第五十五章）

"德"为《道德经》的主要内容之一，德与道共命为书名，足见德在《道德经》里的地位。

德，指自然的秉力，包括大自然赋予宇宙的功德，德是一种自然力量，是不以人们意志为转移的大自然神力，相当于佛学中的自然业力。

《道德经》中的德，发展了《易经》坤阴坎水涵藏柔顺的一面，着重于突出大自然温和柔顺的活力。因此于人的品德方面，《道德经》同样要求为人的美德要厚道大度，柔中有刚。

大器晚成。（第四十一章）

此句为老子伦理名言，是赞扬有的人一生中历尽坎坷，久经磨炼后到晚年才实现抱负。提示人应胸怀大志，高瞻远瞩，只要百折不挠，终能一展雄才。成功不介意早晚，贵在有恒。

> 慎终如始，则无败事。（第六十四章）

慎终如始，即始终如一，才能成功。如虎头蛇尾，事必难成。由于人们往往失败于快成功之时，为了不功亏一篑，因此必须"慎始"。《大戴礼记·礼察》引《易经》曰："君子慎始，差若毫厘，缪之千里"，即强调了慎始的重要意义。

> 少私寡欲。（第十九章）
> 常无欲，以观其妙。（第一章）

无欲无为是老子思想体系的核心，是《道德经》的伦理警句。无欲，指无妄欲，并非禁欲，也即并非指抑制生理本能而言。是指一种真朴天性，和无为不争相一致。

老子节制妄欲是应提倡的，但所言"使民无知无欲"则又是应批判的愚民政策。

> 常德乃足，复归于朴。（第二十八章）

"朴"在《道德经》中曾多次被提到。"朴"是老子道的准则，朴，指真朴，复归于朴，即指返归真朴。浑沌初开，人类最早的真朴。这种朴性和孟子的"人之初性本善"的善性是一致的，也和佛家的"人人悉有佛性"相同。实际上是清静无欲的一种自然道德。《道德经》第十五章所言"敦兮，其若朴"，即言人之性情开初是敦厚的，是浑然全朴的。因此，老子希望人的品德能回复到最早时的纯朴状态，如第十九章所言"见素抱朴"，即为要抱守真朴。

> 夫唯不争，故无尤。（第八章）

不争在《道德经》中曾多次出现。不争，是老子无欲无为的体现。所

图56　五色令人昏盲，五音令人耳聋

谓不争主要指在自然、无为的前提下不争，并不是绝对不争，否则《道德经》的"柔弱胜刚强"、"反者道之动"又将如何解释？

　　　　五色令人目盲，五音令人耳聋。（第十二章）

本句全文为"五色令人目盲；五音令人耳聋；五味令人口爽；驰骋田猎令人心发狂；难得之货令人行妨。"是《道德经》伦理的重要格言。本句和第三章"不资难得之货，使民不为盗；不见可欲，使民心不乱"所言一致，道理皆在于为人品性要端庄，既不能被音色惑其心，勾其魂，自己也不能有诱惑人、乱人本性之行为。本句对后世影响较大，如后人"玩人丧德，玩物丧志"（《尚书·旅獒》）即与之相呼应。

虚其心，实其腹，弱其志，强其骨。（第三章）

老子一贯主张为人谦和厚道，保持内虚其心、不争不斗的淳朴天性。老子认为淳朴是人的自然秉性，应返朴还真。这是老子人性自然主义的又一体现。

致虚极，守静焉。（第十六章）

此为《道德经》修持心性名言。虚指内心的净化为老子无欲无为的体现。守静，指守真返朴，即抱一笃守，"复归于朴"。该句为道家修炼心性要旨。和儒家"坐忘"，佛家"禅定"是一致的，皆以虚静为修持心性的背景，对中国气功的"调心"有重要影响。

知足者富。（第三十三章）

知足知止是老子无为无欲的又一体现。知足，正确理解应是在可能条件下的满足，也即如佛家所言要避免妄欲贪著，意在指出人应淡泊其志，蔑视功利，并非苟且安生无所作为。

自知者明。（第三十三章）

此为《道德经》著名格言，对后世影响较大，一方面指要善于审视自己，和孔子"吾日三省吾身"（《论语·学而》）是一致的。另一方面则强调只有自己才是最了解自己的，所谓"知己知彼，百战不殆"。自知才能自笃，后世"我行我素"、"走自己的路"便是自知自信的格言。

但老子自知，同样是建立在自然无为的基础上的，目的仍在于了解自己,去除贪念妄求,以淡泊心志。

自胜者强。(第三十三章)

《道德经》"自胜者强"中的"胜"字不是指争强好胜,老子一向反对锋芒毕露,而主张柔弱之中见刚强。因此,该句的"胜"是指能自己主宰自己,去除妄念而达到自然无为的意志境界。

自爱而不自贵。(第七十二章)

此句为《道德经》名言,老子强调谦恭美德,反对唯我独尊的骄傲自大作风。老子的自爱自重是建立在抱朴守真的原则上的,即凡事要以人的淳朴天性为原则,只有这样才能保守人的自贵。老子的自爱观点对人的伦理道德的建树是有积极意义的。

三、《道德经》治国名句选析

老子思想比较偏重于宇宙自然,对社会国事采取消极无为的态度,这是不可取的。但在治国方面老子也有独到之处,如主张不争无欲,互不侵犯,各自安居乐业,对增强社会的和谐和国际团结无疑是有益的。

治大国若烹小鲜。(第六十章)

小鲜,小鱼。老子比喻治国若烹釜中之鱼,少翻动,愈搅鱼愈烂,实质为老子的"无为而治"思想。老子的原意是想把"道法自然"、"自然无为"的思想用之于治国,意思是听其自然,这是老子把宇宙自然无为运用于治国的典型言论。本句运用于治国是指应坚持一定的方针政策,少改变则少扰民。

甘其食,美其服,安其居,乐其俗。(第八十章)

老子的最终目的是主张小国寡民互不争斗,各安其食。老子代表的是小生产者的利益，他们没有更多的奢望，唯一的希望是统治者无欲不争（少争霸、杀戮），让小百姓能安居乐业。

　　天网恢恢，疏而不漏。（第七十三章）

　　天网恢恢，恢，大也。《道德经》原意是指自然法网的严密，即道法自然者顺，道违自然者逆之意。后代已将此句移借于社会法律，喻法律制定的严密无漏。

图57　甘其食，美其服

图 58　安其居，乐其俗

第三章
《道德经》哲学智慧

图59 复归于朴

第四章 庄子哲学智慧

庄子是古代著名思想家、哲学家，道家创始人之一。

庄子独特的哲理和逻辑思辨，对中国古代哲学产生了深刻的影响。

庄子学术思想最大的特点是把老子道的形而上学部分及唯心的内涵作了淋漓尽致的发展，并应用于精神世界，也即恰恰把老子的消极部分推向了极端，把老子的无为发展为虚无，导致了他滑向极端虚无主义和绝对相对主义的境地。

从老子到庄子是"道"从唯物向唯心的大滑坡，从客观唯心主义向主观唯心主义的大跌落，也是个人和社会的彻底决裂。

老庄的出世观对中国古代产生了消极的影响，但老庄的宇宙和自然观则是杰出的，庄子的浪漫主义文学则又是中国文学史上的先驱，对中国文学的发展做出了不朽的贡献。

第一节 哲人庄子传奇

庄子（公元前369—前286年），名周，宋国蒙邑人。庄子是我国古代著名的思想家，是道家仅居于老子后的主要影响人物，其著作《庄子》是道家的集大成。庄子一生清贫清高，不求功名，不慕仕途，视官宦若浮云，过着隐士生活，这也是他浪漫逍遥的思想根源。从他拒绝楚威王相聘一事就可显见他的清高情操。庄子不仅思想活跃，富于哲理，而且文采独特，当然这和他生长在文化发达的楚国有关。《庄子》为中国浪漫文学的开山之作,对中国文学的发展有一定的影响。

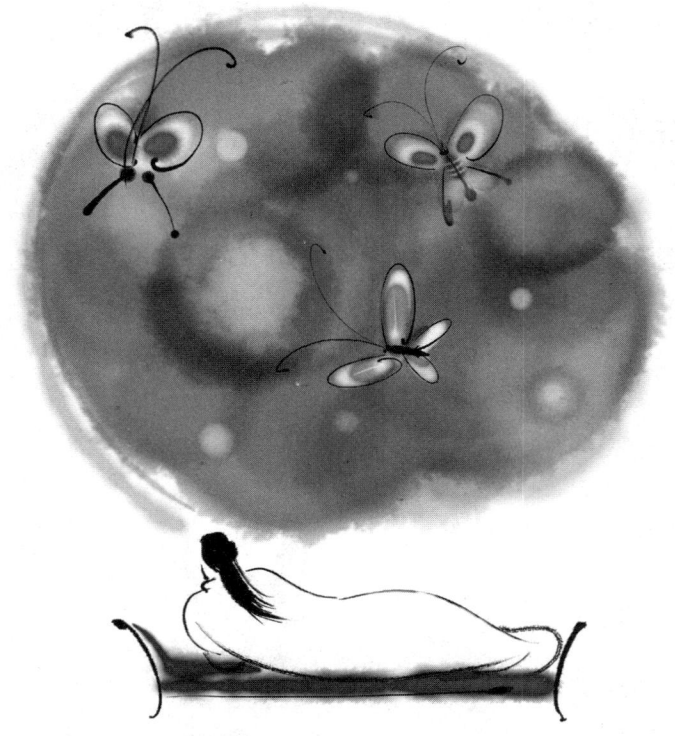

图60　庄周梦蝶(《庄子·齐物论》)

杨力启示

　　庄子继承和发展了老子的思想体系,并成为道家学说的主干,在哲学思想体系上有他独特的一套,也有一定的社会基础。他的学术思想不但丰富了道家思想,而且对中国的哲学发展、思想文化都产生了深刻的影响。尽管他的唯心主义成分较多,但也不失为中国古代哲学界的杰出人物,对庄子同样应予以正确的客观的评价。

　　庄子与老子一样,都是重天道、轻人道的,正如朱熹所说"蔽于天而不知人",这种观点贯穿于庄子学说思想的始终。

第二节 庄子的哲学智慧

一、庄子的"道"智慧

庄子的"道"继承了老子的道学体系,又作了发展。老子的道是唯物的,但却是形而上学的,并含有唯心的成分,而庄子则把老子道的形而上

图61 吾生也有涯,而知也无涯(《庄子·养生主》)

学部分及唯心的内涵作了彻底的发展，并引用于精神世界，宗旨是绝对精神自由，恰恰发展了老子的消极部分。

首先，庄子的"道"从宇宙本体论而言是唯物的，他鲜明地提出："精神生于道。"（《庄子·知北游》）强调道是与精神相区别的东西。此外，庄子还突出了道是在"神鬼神帝"之先的东西。"道……神鬼神帝，生天生地。"（《大宗师》）确定了"道"并非精神概念的东西，和老子一样推翻了鬼神观念，奠定了庄子的唯物论基础，这一点上庄子是继承了老子的唯物观的。

但是，庄子却进一步发展了老子"道"的形而上学观点，并把"道"引入精神境界。

《庄子·大宗师》篇提出"道""自本自根，未有天地，自之以固存……在太极之先而不为高，在六极之下而不为深，先天地生而不为久，长于上古而不为老。"认为"道"是在万物运动之外存在的一个原始的力量。这个东西是永存的、在万物开始之前的、固定不变的及不会生长衰亡的。这样庄子在老子的基础上进一步陷进了形而上学的泥坑。正如恩格斯所指出的：

一个伟大的基本思想，即认为世界不是由一成不变的事物构成的。（《列宁文选》第二集，583页，人民出版社，1960年）

列宁也认为：

在辩证法哲学看来，不存在任何一成不变的、绝对的、神圣的东西。它提出所有一切事物都带有必然灭亡的迹象；在它面前，除了发生和消灭，无止境地由低级上升到高级的不断过程，任何东西都是站不住脚的。它本身也不过是这一过程在思维着的头脑中的反映而已。（《列宁选集》第二集，583页，《马克思学说辩证法》）

庄子把老子宇宙观的"道"引入心灵境界，创立了他独特的"心道观"，使道成为精神活动的体现，这是庄子对老子"道"的独特应用。他的核心观念是人的精神可以脱离形体，并认为这是精神的最高境界。如

《庄子·齐物论》曰：

图62　鹏程万里

南郭子綦隐机而坐，仰天而嘘，荅焉似丧其偶。颜成子游立侍乎前，曰："何居乎？形固可使如槁木，而心固可使如死灰乎？今之隐机者，非昔之隐机者也。"子綦曰："偃，不亦善乎，而问之也！今者吾丧我，汝知之乎？"

所谓道我同体，吾（精神）丧（离开）我（自体），即言人的心神可以离开人体躯壳，即所谓超脱。这种最高境界即为庄子的"道"，《庄子》

用"无己"命名。《齐物论》说"天体与我并生，而万物与我为一"，我与天地无几差别，实际上否定了我的价值，这是庄子虚无主义、消极无欲的哲学根源。

正如哲学家陈鼓应所说：庄子把老子的宇宙本体——"道"认为是"人生所臻至的最高的境界，便称为道的境界"，又是老子形而上之本体论和宇宙论色彩浓厚的"道"，到了庄子则内化而为心灵的境界。（陈鼓应《庄子论"道"》，中国哲学史研究，1984）

庄子的绝对精神自由的宗旨是强调"无待"，即不依赖于任何条件的自由。他不赞成列子的自由，因为他认为列子的自由是"有待"的，即是需要一定的条件的。

庄子的精神自由不仅要由"有待"到"无待"，而且还要达到"无己"（即不感到自己形体的存在），"无己"是对"有己"（有肉体束缚）的否定，这是庄子对老子"无为"的夸大，他认为达到无己才能成为至人。（"至人无己"）为了达到至人境界，他主张不但要隐居避世，而且还要"坐忘"，所谓"坐忘"即："堕肢体，黜聪明，离形去知，同于大道，此为坐忘"。即不但要忘掉社会、忘掉其他人，就连自己的存在也必须忘掉，也即忘掉一切才能超脱，才能达到无己至人的境界。这种虚无主义的观点，借以养生尚可，用以为人则无疑是自我麻醉。

> **杨力启示**
>
> 庄子的"无己"把老子"无为"的消极部分发展得淋漓尽致，实在是有过之而无不及，是老子不可知论的大滑坡。

二、庄子"有无"观与相对主义

庄子的有无观直接关系到庄子的虚无主义及相对主义，因此有必要弄清庄子的"有无"观。

庄子的"有无"观是来源于老子的,《道德经》第四十章:"物生于有,有生于无。"第二十八章:"复归于无极。"强调了"有无"之间的关系是有生于无,无为主导。无指无极、无限、无形、无限大、无限远。老子的"无"究竟指什么?《道德经》第二十五章作了"道即是无"的答复。如:"道强为之曰大。大曰逝,逝曰远,远曰反",即言道为无极的、无形的东西,是生天地开始之前的东西。老子所指的无和黑格尔的"从无开始"的唯心观不同。列宁说:"在自然界和生活中,有着'发展到无'的运动,不过'从无开始'的运动,倒是没有的,运动总得是从某个东西开始的。"(《列宁全集》第138页)

庄子的"有无"观着重发展了老子的"无",从无限滑到了虚无,最后导致了他的虚无主义及相对主义思想,反映了庄子对本源认识的矛盾心理。如《庄子·齐物论》曰:"有始也者,有未始有始也者,有未始有夫未始有始也者;有有也者,有无也者,有未始有无也者,有未始有夫未始有无也者。俄而有无矣,而未知有无之果孰有孰无也。"他的意思是说,有开始吗?有未开始之前的开始吗?"有"存在吗?"无"存在吗?有未开始之前存在的"无"吗?有未开始之前存在的"有"吗?突然出现了"有"和"无",究竟开初是"有"还是"无"?在这里,庄子已经把"无"和"有"相对化了,逐渐离开了老子的"无"。庄子终于对万物之开始是否是物提出了怀疑:"有先天地生者物邪?物物者非物,物出不得,先物也,犹其有物也,无已。"(《知北游》)即,有生天地之前的物吗?生物之前的不是物,物不是出于先物,要追究物之前的物,物之前之前的物是没有完的。庄子矛盾地提出了"物物者非物"的疑问,最后消极地得出"犹其有物也,无已"的结句,这句话如果不是接在上句"物物者非物,物出不得先物"之下,那么或许可以理解为物质的无限性,但联系全文,则庄子的"有无"观最终似有否认了"有"之嫌,再结合《齐物论》所说:"有以为未始有物者,至矣、尽矣，不可以加矣"，更证实了庄子的矛盾心理。庄子"重无轻有"的观点成为庄子虚无主义、相对主义的根源。(《齐物论》属内七篇，《庄子》内七篇是《庄子》的主要组成部分，传统说法皆认为是庄子所作)

庄子的相对主义，是在其虚无主义的基础上建立的。庄子过分夸大了事物相对的一面，忽视了事物的绝对存在，取消了事物质的规定性，不承认事物的差别，这样实质上既否认了事物的客观存在，也否认了"有"的存在。

庄子的这些观点是对老子宇宙本源矛盾心理的发展，也是对老子辩证法弱点的夸大。如《庄子·齐物论》说道：

> 物无非彼，物无非是，自彼则不见，自知则知之。故曰：彼出于是，是亦因彼，彼是，方生之说也。虽然，方生方死，方死方生。方可方不可，方不可方可。因是因非，因非因是。是以圣人不由，而照之于天，亦因是也。是亦彼也，彼亦是也，彼亦一是非，此亦一是非……

杨力启示

《齐物论》是《庄子》相对主义的典型篇章，它把万事万物都加上了等号。总之，庄子以相对主义抹杀了事物先、后、有、无的区别，这也是庄子虚无主义和不可知论的恶性循环。

第三节 庄子对中国文学的影响

庄子是最具有浪漫色彩的传奇人物，他开创了中国浪漫文学的先河。

庄子之所以具有浪漫文采，是由他的自由隐士生活及清高不仕的情操所决定的。

图 63　灭文章，散五彩

另一方面，庄子生长的楚国——《楚辞》的故里，是一个文化发达的国家，在庄子生活的时代，美术、雕刻、诗绘、医学……都已经很发达了，爱国诗人屈原就生长在楚国，美丽富饶的长江流域一带，风光秀丽，风土人情多彩，铸就了优美的楚文化。这些有利条件哺育了庄子的文学素养，形成了庄子瑰丽幽默的风格。楚国发达的文化是庄子文采形成的土壤。

第四章
庄子哲学智慧

图64 三年之后，未尝见全牛也（《庄子·养生主》）

庄子追求自由，强调精神上的绝对自由，他的精神自由到甚至可以脱离自己身体的躯壳，他强调"坐忘"，甚至连自己的肉体也可以忘掉，他获得了彻底的超脱。从坐忘发展到周游，这就是他的浪漫色彩的总根由。

庄子的文学浪漫色彩主要体现在他的名著——《庄子》中，《庄子》一书是庄子的代表作，内容丰富多彩，成书于战国后期，全书共五十二篇，大多认为内篇七篇是庄子本人所作，其余为后人门徒之再创造。

《庄子》一书不但哲理独特，想象丰富，而且充满了浪漫主义色彩，这和庄子独具特色的哲理思想是分不开的。庄子别具一格的哲学思想、逍遥浪漫的风格，正是他浪漫文学的渊源。尤其《逍遥游》，是表现庄子精神绝对自由的代表作。《庄子》的风格有蓬莱神话风调，酷似《山海经》，充满了神话寓言，目的在于体现他的超越现实的精神境界——道。

另一方面，庄子的相对主义使其对一切都无所谓，浮想联翩，促成了他的浪漫色彩。

杨力启示

综观之，由于庄子独特的哲学思想和上古神话的影响以及楚国传统文化的背景，形成了庄子的浪漫观，为中国文学的浪漫传统奠定了基础。如唐代大诗人李白，即明显地受庄子逍遥风格的影响。但要注意庄子虚无主义的影响，这是庄子哲学最大的弊病。

图71　庄子《逍遥游》

第四节 如何评价庄子？

庄子是我国战国时期著名的思想家、哲学家，和老子并称道家的先师，其著《庄子》是道家的主要经典之一。

庄子是我国古代继老子之后又一杰出的无神论者。庄子最主要的哲学成就是继承了老子的宇宙本体论，具有朴素的唯物主义观点。

其著《庄子》原五十二篇，现存三十三篇，其中内篇七篇是《庄子》的精华部分，可能为庄子本人所作，外杂篇共二十六篇，文风与内篇不一样，可能为后人发挥内七篇而补充的篇章。《庄子》是我国古代文化经典之一，在哲学、思想、文化方面，历史上都产生过深刻的影响。尽管《庄子》消极的成分比较显著，但还是起到了一定的作用，其中尤以对后世浪漫主义文学的影响，以及其精气学说与中医学、摄生的关系较为突出。

庄子对老子的消极部分作了一定的发展，如把老子的宇宙本体的道发展为心灵境界的道，最终由老子的天道观引向自我，并把老子的无为无欲观发展为连自己的存在都必须忘掉的、形神分离的唯心主义，提出了一套以我为核心的唯心主义哲学体系。因此，庄子在宇宙本体观上是物质的，唯物主义的（尽管比老子更形而上学），但庄子把老子宇宙本体论的道，用到自我时则陷入了主观唯心主义的深渊。因此，庄子的哲学思想既是唯物的，又是唯心的，既是形而上学的，但又有比老子更丰富的辩证法思想。

杨力启示

庄子的哲学思想无法一概而论，应在肯定其哲学成就的前提下，批判地汲取。尤其不能将庄子本人同《庄子》等同。《庄子》的观点不全是庄子的观点，庄子只能对庄子本人的历史负责。

图65　莫逆之交

第五章 《庄子》哲学智慧

《庄子》是道家的重要经典,其哲学思想是老庄哲学思想的主骨,并成为中国古代主观唯心主义和相对主义哲学思想的代表。

图66 人生天地之间,若白驹过郤,忽然而已。(《庄子·知北游》)

《庄子》是一部很有特色的中国古代哲学著作，不但是道家的圭臬，也是中国哲学思想的珍贵巨著。

　　但《庄子》把《道德经》的消极出世观发展为取消人类文明的彻底的废世论，又导致了该书在社会观方面的彻底失败，所以老庄学派的社会观，最终成为消极的人生观。

第一节　《庄子》是一部哲学巨著

　　《庄子》又称《南华真经》，为战国时期庄周及其弟子所著，《汉书·艺文志》著录为五十二篇。现存本为郭象注本，共三十三篇，分为《内篇》七篇，《外篇》十五篇及《杂篇》十一篇。据称《内篇》七篇水平较高，为庄周本人所著，《外篇》及《杂篇》可能是庄子学生对庄子思想的阐发，有的则可能为后学的追述。

　　《庄子》内篇中的《大宗师》、《齐物论》及《逍遥游》是反映其哲学思想的主要篇章。《天下》及《秋水》两篇则是体现庄子社会思想及哲学思想的综合篇章。

　　《庄子》是道家的重要经典，也是魏晋玄学的理论基础之一，其虚无的本体论、宇宙观和消极离世的政治观，以及逍遥浪漫的人生哲学和《道德经》一起成为道家思想的主要理论依据。

　　《庄子》在中国哲学思想史上占有重要地位，《庄子》哲学思想成为老庄哲学思想的主干，并成为中国古代主观唯心主义和相对主义哲学思想的代表。

　　《庄子》是一部卓越的文学巨著，对中国浪漫主义文学的发展产生了深刻的影响，其丰富的想象力、诙谐而多彩的语言为中国文学语言艺术水平的提高起到了重要的促进作用。

　　《庄子》的注本以晋代郭象的《庄子注》价值最高，其次为唐代陆德明的《庄子注释》、成玄英的《庄子疏》。

第二节 《庄子》哲学特色

历史车轮滚滚向前,战国时代封建制度的车轮已经把奴隶制碾到了车轮下,新兴的封建制度已经势不可挡。庄子代表的是奴隶主贵族阶级的思想意识,由于看到奴隶主阶级大势已去,于是走了另外一个极端,即消极遁世,最终陷入了虚无主义的泥坑。但尽管《庄子》把《道德经》的哲学思想彻底转向了唯心主义哲学道路,但对中国古代哲学的影响却是不可忽视的。

一、《大宗师》与"道"

《庄子》和《道德经》一样回避政治现实,而热衷于宇宙本体的探索。《庄子》对《道德经》道本体的阐发,主要集中于《大宗师》篇,该篇提出:

> 夫道,有情有信,无为无形;可传而不可受,可得而不可见;自本自根,未有天地,自古以固存;神鬼神帝,生天生地;在太极之先而不为高,在六极之下而不为深,先天地生而不为久,长于上古而不为老。

即认为"道",是无为无形的、先天地而固有的绝对宇宙本体。亦即强调作为派生万物的宇宙本体——"道",是不生不灭超时空的,是永恒不老的和固存不变的,充分反映了老庄客观唯心主义的宇宙本体观。老庄超时空的绝对本体观对魏晋玄学及宋明理学曾产生过深刻的影响。

在《大宗师》篇,除了进一步论道之外,还提出了修道的著名原则——"坐忘"。如:

图67　君子之交淡若水，小人之交甘若醴（《庄子·山木》）

颜回曰："回益矣。"仲尼曰："何谓也？"曰："回忘仁义矣。"曰："可矣，犹未也。"他日，复见，曰："回益矣。"曰："何谓也？"曰："回忘礼乐矣。"曰："可矣，犹未也。"他日，复见，曰："回益矣。"曰："何谓也？"曰："回坐忘矣。"仲尼蹴然曰："何谓坐忘？"颜回曰："堕肢体，黜聪明，离形去知，同于大通，此谓坐忘。"

庄子强调的坐忘，不是单纯的修炼身体，其要害在于思想上的坐忘，即忘掉仁义，忘掉礼乐，退避到离开社会、取消文明的世外生活，这一出世观为道家的人生哲学奠定了基础。

> **杨力启示**
>
> 《大宗师》的论道及修道确立了老庄思想的宇宙观及人生观两大基本观点，即客观唯心主义宇宙观以及消极离世的人生观。

二、《齐物论》与绝对相对论

庄子的齐物论是对古代名家齐物思想的进一步发展，庄子和名家惠施是知音挚友。由于庄子站在已经崩溃的奴隶主贵族阶层的立场上，出于对新兴封建社会的憎恶，然而又无力挽回局势，于是便从哲理方面对新兴的社会文明进行否定，从而达到思想上的平衡和解脱。

具体为倡扬"齐物"。所谓齐物，即认为天下万物皆一，无论物我之间，有无之间，是非之间，大小之间，贵贱之间，高下之间乃至生死之间都是等同的，没有差别的。这样就把事物的相对性绝对化，实质上是取消了事物的质的规定性，走向了相对主义诡辩的歧途，并在认识论上陷入了不可知论的泥坑。

上述观点在《齐物论》篇中有充分的反映。如：

> 物无非彼，物无非是……方生方死，方死方生，方可方不可，方不可方可，因是因非，因非因是，是以圣人不由。

意即否认生死、是非之间的区别，取消事物的对立，抹杀了事物的差异性。

在《齐物论》篇，除了上述著名的"方生方死，方死方生，方可方不可，方不可方可"之外，还有脍炙人口的庄周梦蝶。如：

> 昔者庄周梦为胡蝶，栩栩然胡蝶也，自喻适志与！不知周也。俄

然觉，则蘧蘧然周也，不知周之梦为胡蝶与，胡蝶之梦为周与？周与胡蝶，则必有分矣。此之谓物化。

所谓庄周梦蝶其实质为谓周为蝶可，谓蝶为周亦可。即本篇所强调的"天地与我并生，万物与我为一"的齐物观点，亦即"万物皆一"的观点。

杨力启示

庄子认为事物既然已经不存在差别了，那么一切竞争和对立都应该取消，于是便可高枕无忧，尽情逍遥了。故《齐物论》也可说就是《逍遥游》的理论基础，也是道家超生死成仙人的理论依据。

三、《逍遥游》与绝对精神自由

庄周是一个隐者，代表着隐士阶层的心态，由于对现实社会的不满而采取消极的离世观。从消极的离世观又发展为逍遥游观。

这些观点都充分地反映于《逍遥游》篇中。

逍遥游追求的最高境界是心游而非形体游，因为形体游是需要条件的，所谓"有待"。即使是鸟中之王——大鹏的鹏程万里也必须有待大风的来临，就是列子也必须"御风而行"，因为要靠条件才能游，所以达不到真正的逍遥游。其根源是因为"有己"，即不能摆脱自身形体与天地的差别。

《逍遥游》篇认为只有摆脱了物我差异才能达到无待、无己，即不需等待任何条件的"心游"，只有心游才是无拘无束、自由自在的逍遥游。所谓逍遥游即是精神的绝对自由，只有如此，才能"游无穷者"。

鹏之徙于南冥也，水击三千里，抟扶摇而上者九万里……故九万里则风斯在下矣，而后乃培（与冯义通）风。……夫列子御风而行，泠然善也，旬有五日而后反。彼于致福者，未数数然也。此虽免乎行，犹有所待者也。若夫乘天地之正，而御六气之辩，以游无穷者，彼且恶乎待哉。

于是，为了达到彻底的精神解脱，《逍遥游》又提出为了真正达到"无己"，就必须从思想上做到"无功"、"无名"。即所谓"至人无己，神人无功，圣人无名"。即取消对一切功名的追求，如是方能达到绝对的精神逍遥。

精神绝对自由，是《逍遥游》的主题，也是道家人生观的写照。

图68　鹏程万里（《庄子·逍遥游》）

> **杨力启示**
>
> 《庄子》内篇的《大宗师》、《齐物论》及《逍遥游》基本上反映了庄子的核心思想,包括庄子的宇宙观、认识论及人生哲学。其余《养生主》、《人间世》、《德充符》、《应帝王》等四篇的思想也大致不离其宗。

第三节 《庄子》哲学的社会价值及其影响

《庄子》是一部很有特色的中国古代哲学著作。《庄子》和《道德经》一起成为老庄思想的核心,不但成为道家的圭臬,而且是中国哲学思想的珍贵典籍,并且也是中国文学的一颗璀璨的明珠。

一、庄子哲学对《道德经》及道家的影响

《庄子》对《道德经》的思想作了充分的发展,并成为道家学术思想的核心。主要表现为以下几个方面:

第一,《庄子》把《道德经》的客观唯心主义思想发展为彻底的主观唯心主义世界观。

《庄子》的世界观是彻底的唯心主义世界观,主要反映在对宇宙本体论方面的认识。《庄子》对宇宙本体——"道"的阐述,基本上是继承了《道德经》的。如认为道"无形"、"自古以固存"、"先天地生而不为久,长于上古而不为老"(《大宗师》)和《道德经》的道:"道之为物,惟恍惟惚,……其中有物,其中有精,其中有信","有物混成,先天地生,寂兮寥兮!独立而不改,周行而不殆"的观点是一致的。

即认为道是超时空,先天而固存的绝对本体,即是客观唯心主义的宇宙本体观。但在认识论方面,《庄子》则把《道德经》的客观唯心主

义彻底唯心化，发展为主观唯心主义。如《庄子》的齐物论强调物我皆一，万物皆一。其庄周梦蝶，即充分反映了庄子主客观不分的主观唯心主义观点。

总之，《庄子》把《道德经》的客观唯心主义宇宙观发展为主观唯心主义宇宙观，从而奠定了道家唯心主义哲学体系的基础，对道家思想的发展产生了深远的影响。

第二，《庄子》把《道德经》消极的认识论发展为取消认识的无客观真理论。

《道德经》的宇宙本体观反映了他对客观世界认识论上的虚无主义。如："天下万物生于有，有生于无"，强调"无"是主导的，"有"是从属的。因此在虚无主义的思想基础上，《道德经》主张"绝学弃智"，充分证实了《道德经》消极的认识论。

《庄子》则通过《齐物论》宣扬事物之间无任何差异，根本无须认识，从而把《道德经》消极的认识论发展为无客观真理论，《庄子》的无客观真理论奠定了道家认识论的理论基础，为道家的无欲无为的人生哲理提供了理论依据。

第三，《庄子》把《道德经》消极的离世观发展为取消人类文明的彻底的废世论。

《道德经》的人生哲理是隐居遁世，并主张"小国寡民"，提倡无欲无为、不争不学，反映了《道德经》消极的人生哲理。但尽管如此，至少《道德经》还有"柔之胜刚也，弱之胜强也"、"柔弱处上"的精神。而《庄子》则把《道德经》本来已消极的人生哲理彻底消极化。

首先，《庄子》把生死等同，认为生既与死同就不必为死悲，庄子妻死反而"鼓盆而歌"便反映了他的这一观点。既然生死等同，就不必贵生，生既无价值就更不必求功逐名。因此《庄子》在《逍遥游》中强调"无功"、"无名"，宣扬绝对精神自由，欣赏"无待无己"的自由自在、不争不斗的浪漫生涯。

图 69　庄子坐忘（《庄子·大宗师》）

总之，在人生哲理方面，《庄子》不但非常赞赏《道德经》的离世观，而且把《道德经》的离世隐居发展到了无拘无羁的逍遥游。尤其《庄子》提出"坐忘"和"心游"，主张物我为一，万物皆一，其"离形去知，同于大通"为道家的"成仙"修炼提供了理论基础，如："千岁厌世，去而上仙，乘彼白云，至于帝乡。"（《天地》）

因此，老庄学派的社会观，最终由消极的人生观滑到了宗教的境界。由是，《庄子》和《道德经》一起成了道家的经典著作。

图70　河伯望洋兴叹（《庄子·秋水》）

杨力启示

《庄子》继承和发展了《道德经》的学术思想，构成了中国思想体系中的老庄思想，并成为道家的经典，对道家的形成和发展产生了深刻的影响。

二、《庄子》对玄学、佛学、理学的影响

《庄子》不仅对道家思想产生了极为深刻的影响，而且对中国玄学、佛学及理学也产生了很大的影响。

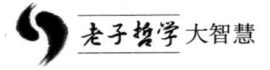

第一，《庄子》对玄学的影响。

玄学是魏晋时期以《易经》、《道德经》、《庄子》为经典的哲学思潮，玄学的学术特征为主张易老融一，儒道合流。为了糅合儒道，玄学家们往往以老庄思想解《易经》，并把《易经》理引进老庄思想体系之中，代表人物为何晏、王弼，于是《庄子》成为玄学家的主要经典之一。

《庄子》和《道德经》的贵无思想是玄学虚无主义思想的核心，而崇尚老庄的消极的自然无为又成为玄学家的人生哲理，对"竹林七贤"的思想产生了很大的影响，如对阮籍、嵇康的"越名教而任自然"的自然无为产生了很大的影响。

第二，《庄子》对佛学的影响。

《庄子》的"无"和佛学的"空"本质皆为"虚"，故二者在理论核心方面本已不谋而合。加之东晋时期国家分裂、社会动荡，老庄玄学大兴，佛教徒为了迎合玄学的兴盛，使自己能立足，于是试图以玄学解释佛学，从而产生了佛教玄学。老庄思想的"有生于无"，对佛教玄学的"性空缘有"说的发展产生了很大的影响。如佛教玄学家代表——僧肇的《不真空论》，认为宇宙万物皆空本无，即是这一理论的倡导者。

杨力启示

所谓"有"，无非因缘的假有，其根源仍然是万法缘空，这和老庄的有生于无本体观相合拍。由于唯心主义世界观相一致，因此，老庄玄学的兴盛，影响了佛教玄学的发展，佛教玄学的发展又促进了佛教在中国的扩大化，这就是《庄子》对佛学的深刻影响。

第五章　《庄子》哲学智慧

图71　庄子《逍遥游》

第三，《庄子》与理学。

理学是兴盛于宋元明清四大时期的哲学思潮，是以理为最高范畴的学说，以程朱为首，尤其是以南宋朱熹为代表。尽管在本体论的认识方面涉及道学，但理学是重现实，重社会的，与老庄玄学的远现实轻社会迥异。

理学，尤其是朱熹理学，统治中国达八百年之久，并将儒学的社会影响推到了无以复加的高度。因此，朱熹理学是儒学的发展，与老庄道家无涉。

至于"二程"的形而上学本体论也是来源于《易传》的,王陆心学的心性论则又是受释佛心性的影响,王陆心学尽管本体观是唯心的,但并不否认对社会现实的重视。

因此,老庄思想虽然对理学本体论的深入探讨有一定的影响,但却没有对其社会观发生作用,故总体上来说老庄思想对宋明理学影响不大。

> **杨力启示**
>
> 《庄子》和《道德经》一起所形成的老庄思想对魏晋时期玄学及佛学的发展产生了深刻的影响,对理学本体论的深入起到了一定的刺激作用。

三、《庄子》浪漫主义文学的价值及其影响

《庄子》对我国文化的影响不仅在哲学思想方面影响较大,而且在文学方面有卓越的价值,对我国古代浪漫主义文学的发展曾产生了深刻的影响。如:

第一,《庄子》对楚文学的继承和发展。

长江淮河一带江河滔滔,楚原辽阔,造就了富于幻想和浪漫色彩的楚文化风格。《山海经》、《庄子》、屈原的《离骚》皆是这一风格的代表作。

庄子和屈原的作品同是楚地浪漫主义文学的典范,但屈原表现的是积极的浪漫主义文学,故颇为儒家称道,而庄子表现的则是消极的浪漫主义文学,故深得玄学家及道家的推崇。

第五章　《庄子》哲学智慧

图72　庄子浪漫文学（1）

图73　庄子浪漫文学（2）

庄子独特的逆反文学,向传统的典雅严肃文学提出了挑战。《庄子》词语多彩,想象力强,大大丰富了楚文学语言,对楚文学的发展产生了深刻的影响。

第二,《庄子》对魏晋文学的影响。

尽管《庄子》主张"灭文章,散五采"(《胠箧》),否定文学理论,排斥文学艺术,但《庄子》一书中所反映的文学思想仍然对后世文学艺术产生了深刻的影响,尤其对魏晋竹林玄学文学的影响最大。

魏晋时期社会处于分裂衰落时期,知识阶层对朝政悲观厌恶,不少人退隐避世,有的则是仕途失运而由仕到隐。

由于思想上对现实的冷淡,从而导致文学风格的浪漫化和幻想化。

在这样的社会背景下,以浪漫主义为风格的文学必然被青睐,所以魏晋时期以《庄子》文学风格为特征的玄学文学的兴盛也是历史的必然。

在《庄子》逆反文学及玄虚文学的影响下,魏晋时期曾涌现了一批著名的玄学文学名士。如嵇康、阮籍、向秀等竹林七贤以及陶渊明等自然主义风格文学家。其文学特点皆超尘脱俗,浪漫无羁。玄学文学的兴起对道家文学的发展又产生了促进作用。

第三,《庄子》在儒道文学抗争中所起的作用。

从汉代儒学被奉为官学后,儒家文学的发展即受到礼教的束缚,从而一直走的是严肃文学的道路。

老庄由于轻现实的出世思想必然导致其对超现实幻想的沉醉,从而必然走向浪漫主义文学。

儒道由于所居朝野地位之异,以及受伦理束缚和轻蔑伦理的区别,其文学表现当然也大相径庭。

第五章
《庄子》哲学智慧

图74　庄子浪漫文学（3）

图 75　庄子浪漫文学（4）

图 76　庄子浪漫文学（5）

儒家文学高度强调个人对社会的责任，故被作为教化的手段而发展为教化文学及礼乐文学。而以《庄子》为代表的道家文学则突出自然，强调个性解放，追求"无待无己"的自由文学。

于是长期以来形成了以孔孟为代表的以思想性占优势的现实主义文学，而道家文学则以老庄为代表的浪漫主义的艺术风格为特色，两派文学古往今来既相对立又互为补充，共同对中国文学的发展做出了不朽的贡献。

可见，中国古典文学之所以得到绚丽多彩的发展而没有僵化，这和以《庄子》为代表的道家文学的抗争所起的作用是分不开的。

总之，《庄子》对中国浪漫主义文学的发展功不可没，其文学风格对宋玉、贾谊、阮籍、陶渊明、李白、苏轼等都有深刻影响。

杨力启示

《庄子》在哲学思想、文学艺术方面有很高的价值，对中国的政治思想、宗教文化都曾经产生了深刻的影响。

第四节 《庄子》哲学名言及其影响

方生方死，方死方生，方可方不可，方不可方可，因是因非，因非因是。（《齐物论》）

此为庄子齐物论观点的代表名句，反映了庄子的相对主义观点。庄子取消了生死、是非之间的差异，否认事物的质的规定性，抹杀了对立事物之间的转化条件，而片面强调"天地一指也，万物一马也"的绝对相对主义论调。

图 77　庄子：方生方死，方死方生

不知周之梦为胡蝶与，胡蝶之梦为周与。(《齐物论》)

庄子不分我与蝴蝶，取消了物我之间的界限，反映了庄子主观唯心主义的思想以及他的"无己、无待"观点，成为庄子"逍遥游"的最高境界，对以后道家的成仙思想产生了深刻影响。

吾生也有涯，而知也无涯。以有涯随无涯，殆已。(《养生主》)

庄子认为人的生命是有限的，而知识则是无限的，庄子认为以有限的生命去追随无限的求知欲，太危险了。该句反映了庄子取消教化的观点，反对求知欲的滥调本质上是极其消极的。但也可以借鉴为必须提高效率，提高有限生命的无限价值，否则的确"殆也"。

三年之后，未尝见全牛也。（《养生主》）

此句指庖丁解牛"以神遇而不以目视"，故"今臣之刀十九年矣，所解数千牛矣，而刀刃若新发于硎"。（硎，音刑，指磨石）。此句为"庖丁解牛"的典源，意指治理社会虽然复杂，但亦如解牛一样，只要顺其筋骨的盘结，便可迎刃而解。治理社会亦然，如能洞悉社会症结，了其脉络，便可一解百解。该句对后世影响较大，已成为抓住要领的代名词。

哀莫大于心死。（《田子方》）

此句为《庄子》引孔子之言，原文："仲尼曰：'恶！可不察与！夫哀莫大于心死，而人亦次之。'"指出最悲哀的莫过于心死，相形之下，身死是次要的，因为人的生命是有限的，而人生的价值则是可以无限的。故一旦心死，即使形体健在，也与死无异。本句的影响在于珍惜人生的社会价值。

朝三而暮四。（《齐物论》）

此句话是《庄子》列举《列子·黄帝篇》中狙公饲猴的寓言。饲猴者对猴子说早上给你们吃三个栗子，晚上给你们吃四个栗子，猴子们很生气，可是饲猴者改说早上四个、晚上三个，猴子们听后又都高兴起来。说明名实未变，但对方的心理感受却大不相同。这个简单的寓言，《庄子》用以体现他顺乎主观心理行事的观点。

本句后世已改变为形容东改西换、办事没准儿的情况。

图78　哀莫大于心死（《庄子·田子方》）

鼓盆而歌。（《至乐》）

庄子死了妻子不但不哭，反而鼓盆而歌唱，反映了庄子生死等同的齐物论思想。庄子夸大了生死之间的同一性，对道家轻生重死后的成仙思想产生了深刻的影响。

承蜩犹掇。（《达生》）

《庄子》引孔子到楚国，路过林子，见一驼背者以竿粘蜩犹如拾取一样容易。孔子叹曰："用志不分，乃凝于神，其佝偻丈人之谓乎！"庄子引

第五章 《庄子》哲学智慧

图79　朝三暮四（《庄子·齐物论》）

此故事的意旨在于强调行道必先在于心志。后世发展为办事必须全神贯注、心无二念才能成功。

　　　子非鱼，安知鱼之乐？子非我，安知我不知鱼之乐？（《秋水》）

　虽然不能全尽意，但言与意是相辅相成的。言自身也有其存在的独立性，过分夸大二者的同一性是不利于事物发展的。

该句对后世影响较大，魏王弼提出的"得意而忘象"（《周易略例·明象》）即受此影响。禅宗的"不立文字，直取人心"也和此有关。

此句的深远意义在于打破形式对内容的束缚，将有利于内容的发展，在文艺文学、美术绘画、舞蹈的高境界追求上有重要启示。

　　陷井之蛙。（《秋水》）

《秋水》篇内，魏牟形容公孙龙的学识如井底之蛙一样浅窄，意在夸奖庄子的学问博大精深。后世喻见识短浅为"坐井观天"。

图80　承蜩犹掇（《庄子·达生》）

鱼见之深入，鸟见之高飞。(《齐物论》)

此语原话为："毛嫱、丽姬，人之所美者，鱼见之深入，鸟见之高飞，麋鹿见之决骤。"

毛嫱、丽姬，可谓美矣，但鱼见之沉入，鸟见之高飞，说明庄子的齐物观在美、丑认识上的统一。后世在此基础上提出"沉鱼落雁"、"闭月羞花"。

郢人垩漫其鼻端，……使匠石斫之。(《杂篇·徐无鬼》)

即"郢人之斧"，此故事指庄子路遇的一件事。楚国一郢姓人刷房子时鼻尖粘上了白灰，请一个姓石的木匠用板斧削去白灰，当时郢人竟面对利斧削鼻而不惧，匠人持斧去灰而不伤鼻，二者配合得如同一人一般。事情传开了，宋元君也想和匠人试试，被匠人以用此技术的对象已不复存在了而谢绝，庄子以此喻惠子死后，再也无知音了。

此句的深意是事物的存在是对立的统一，对立面往往是事物存在的重要条件。

后世将此句演绎为"斧正"。

莫逆之心，遂相与为友。(《大宗师》)

后世简概此句为"莫逆之交"。莫逆，即不违背。庄子的深意在于只有顺应天道的人才能成为挚友。顺应天道即生死无二，返本还真。

该句后世指相濡以沫的交情。

人生天地之间，若白驹之过郤。(《知北游》)

"白驹过郤"（"郤"同"隙"），即骏马穿隙，指时间的飞逝。庄子此句的深意在于表达他的"人生在世，气聚而已"的观点，也即有生于无，生复归死，自然之性也。此即庄子道之内涵，故庄子主张无须去争，顺其道而已。

后世演变为光阴似箭之意。

尾生与女子期于梁下，女子不来，水至不去，抱梁柱而死。（《盗跖》）

此句后世概之为"尾生抱柱"。故事讲的是一个叫尾生的男子与一女子约会于桥下梁柱，不见不散。适至河水上涨，尾生等女子不来，他守信用不离梁柱，结果被淹死。庄子举此事目的在于嘲讽儒家的忠信守义。后世以尾生抱柱比喻坚守信义。

此以己养养鸟也，非以鸟养养鸟也。（《至乐》）

图81　鲁侯养鸟（《庄子·至乐》）

即"鲁侯养鸟"的出篇。故事指鲁国城外飞来一只巨鸟，鲁王视之为神鸟，遂将其用隆重的仪式供养于神庙，并每天派人演奏高雅的《九韶》，饲以高贵的筵席。可是鸟儿不但不领情反而吓得惶惶不可终日，不吃不喝三天便气绝身死了。庄子指出，鲁王用养自己的方法去养鸟，结果反而养死了鸟。意在说明，不要把乐荣看得太过，否则反被乐荣所害。目的在于重申庄子的无欲而乐、乐极反悲的道家思想。

后世意在指违反客观规律，必然导致事与愿违的结果。

鹏之徙于南冥也,水击三千里,抟扶摇而上九万里。(《逍遥游》)

此句后世简称为"扶摇直上"。见李白《上李邕》:"大鹏一日同风起,扶摇直上九万里。"

庄子举此深意在于向往超越物我、离开尘世的心游。后世发展为官运亨通、青云直上之意。

彼之颦美而不知颦之所以美。(《天运》)

此为"东施效颦"之出典。《庄子》举此故事指美女西施因有胃病而喜蹙眉,邻居丑女东施见之,也捧其心而蹙其眉,结果其貌更丑。意在比喻生搬硬套地步他人之后尘,而不去注意发展自己优势的人,其结果只会适得其反。

图82 彼之颦美而不知颦之所以美(《庄子·天运》)

第六章　老子与道家哲学智慧

道家是以老庄思想为核心的学派。

"道",是老子哲学体系的核心,是老子对宇宙本体的探索,尽管老子的"道"不是唯物主义的本体观,但却打开了我国早期本体论探索的新领域。

辩证法思想是老子学说的精华,老子强调事物对立面的转变,但却轻视创造事物转变的条件,所以《道德经》的代表观点——"道法自然",既是能动的又是消极的。

无欲无为,是老子社会观的基本论点,是其"道法自然"在社会观的延伸。绝学弃智、不争不斗是这一思想的又一社会体现。

庄子的"无己"、"无待"以其绝对相对主义,又把老子本来所含有的一定唯物成分的道彻底唯心化,从而陷入了虚无主义的深渊。思想上的虚无,导致了社会生活的避世。

所以,道家学术思想的归宿,最终必然是滑向彻底离世的社会人生观。

第一节　道家哲学以老庄为主体

从《易经》衍生的两大流派,孔孟儒家首举《易经》乾卦,贵阳刚健,重视社会发展和伦理道德。孔孟、老庄学派各为中国儒学及道学的两大支柱。

第六章 老子与道家哲学智慧

老庄思想是易学体系的一重要派别，老庄尊《易经》坤卦，崇坤阴柔顺、蔑视鬼神，发展唯物自然观，对中国的哲学、文化、自然科学都有很深刻的影响。二者的哲学观念都各有其长，对中国文化产生着深刻的影响。

道学以老庄思想为主体，是我国传统文化的主要内容之一，在中国文化史上占有一定的地位。千百年来，无论是消极的还是积极的，对中华民族的文化历史都产生过深远的影响。

第二节 道家的哲学智慧

一、"道"是道家的哲学核心

"道"，始出《易经》。如《易经》履卦："履道坦坦"，道指大路。《易传》"一阴一阳之谓道"。道，在这里为阴阳相互作用的概括。

"道"，是老子哲学体系的核心，"道"在《道德经》里共出现74次，主要见于《道德经》的上篇——《道经》。下篇为《德经》。

老子的"道"，是比较复杂的，然总归起来不出两个含义，一指宇宙化生的本体，一为具体的实物。

> 道，万物之母，有物混成，先天地生。（一章）
>
> 道之为物，唯恍唯惚，惚兮恍兮，其中有象；恍兮惚兮，其中有物；杳兮冥兮，其中有精，其精甚真，其中有信。（二十一章）

说明道虽然看不见，摸不到，但最初的时候，仍然是一种浑沌实体，为万物化生之母。老子"道"的另一个含义也是老子"道"最光辉的部分，是指事物发展的规律。如果说老子"道"的前一个含义尚且还有些含混和矛盾的话，那么老子"道"的第二个含义已经大大超越了第一个含义。

老子"道"的第一个含义既已提出为物的概念("有物混成"、"其中有物")并深信不疑("其中有精","其精甚真","其中有信"),却又认为这个物"先天地生"、"唯恍唯惚",表明了老子对宇宙的本体的认识还有自相矛盾的现象。

图83 致虚极,守静笃

因此难怪许多学者评价老子既唯心又唯物,唯物主义体系里包含着唯心主义的成分,唯心主义体系里又蕴含着唯物主义的内容,而且因为老子"道"的"先天而生",而使哲学界对老子是唯心主义还是唯物主义争论至今。

老子"道"的第二个概念，认为道指事物发生发展的规律。这个观点是唯物的，因为根据《道德经》四十二章所说"道生一，一生二，二生三，三生万物，万物负阴而抱阳，冲气以为和"来看，假如这里的"道"是指"道之为物"而非"先天而生"，那么就可说明老子的"道"不是指的绝对精神。

然而老子既言"道生一"，那么在"一"之前的"道"必然是"一"之源。"一"显然指的是"负阴抱阳"，阴阳互相作用再生二、再生三，乃至万物。那么"道"必然是阴阳合抱之前的东西，老子既称为物，那就说明是一种实体，但老子并未交待清楚这个物是什么？《道德经》也没加以阐述。

因此对老子"道"的评论，就不能只从某章、某句孤立片面地下结论，而应该连贯《道德经》全篇关于"道"的论述，以及对整个老庄道派的"道"进行综合分析，才能对"道"作出评价。

因为老庄的"道"是道派学术体系的核心，而且又是对老庄道家是唯心的还是唯物的争论的主要依据，因此对这个问题有必要进行深入研究和考察。道家学派，主要以《道德经》、《庄子》为代表，兹对这两部道家代表性的经典中所论述的"道"做一分析：

（一）《道德经》的"道"

老子的"道"在《道德经》里主要论述于下：

道，可道，非恒道。名，可名，非恒名。无名，万物之始；有名，万物之母。恒无欲，以观其妙；恒有欲，以观其徼。此两者，同出而异名，同谓之玄。玄之又玄，众妙之门。（一章）

玄牝之门，是谓天地根。（六章）

道之为物，唯恍唯惚。惚兮恍兮，其中有象；恍兮惚兮，其中有物；窈兮冥兮，其中有精。其精甚真，其中有信。（二十一章）

有物混成，先天地生。寂兮寥兮，独立而不改，周行而不殆。

可以为天下母，吾不知其名，故强字之曰"道"，强为之名曰大。大曰逝，逝曰远，远曰反。故道大、天大、地大、王亦大。域中有四大，而王居其一焉！人法地、地法天、天法道、道法自然。（二十五章）

道恒无为而无不为。（三十七章）

反者，道之动，弱者，道之用。天下之物生于有，有生于无。（四十章）

道生一、一生二、二生三、三生万物，万物负阴而抱阳，冲气以为和。（四十二章）

道生之，而德畜之，物形之，而器势成之。是以万物尊道而贵德。道之尊，德之贵也，夫莫之爵而恒自然。（五十一章）

故道生之，德畜之、长之、育之、亭之、毒之、养之、覆之。

物壮则老，是谓不道。不道早已。（五十五章）

道者万物之奥。（六十二章）

老子《道德经》八十一章，有十章专门论"道"。

分析之，可以归纳为以下几点：

1. 提出天地万物造化于"道"

"道生之"、"道生一……三生万物"、"道者万物之奥"强调道为一种物。（"道之为物"、"其中有物"、"其中有精，其精甚真，其中有信"、"其中有象"）这是老子《道德经》最辉煌的部分。为什么？因为老子坚信宇宙万物来源于一种物，而不是什么鬼神，这是唯物的，是老子光辉的无神论思想，也是老子思想的主要成就，代表着两千多年前中国人已经开始探讨世界的本源这一哲学的最基本问题了。

对世界本源的认识是物质的还是精神的，是区分唯心主义或唯物主义的分水岭，标志着中国的哲学探讨已进入了一个更高的境界。在两千多年前的老子即有这样大胆而坚定的宇宙观是难能可贵的。

图 84　见素抱朴

2. 老子的"道"究竟是什么？

根据《道德经》的论述，如"道之为物，唯恍唯惚"、"惚兮恍兮"、"恍兮惚兮"，可知老子的"道"是一种说不清、看不见的东西。说明老子虽已认识到万物由"道"而化生，但究竟"道"是什么，老子自己也说不清。

3. 老子的"道"与"一"。

《道德经》曰："道生一，一生二，二生三，三生万物，万物负阴而抱阳"，即说明"道"与"一"的关系是"一"生于"道"，"一"是万物之始，在这里代表万物化生的开始。既然"一"是万物之开始，那么"道"便是在开始之前的开始了，这个开始之前的开始究竟是什么？《道德经》没有答案。老子只含糊地说："道，强为之名曰大，大曰逝，逝曰远，远曰反。"（二十五章）究竟道的开始是无极、还是无？

4. 《道德经》"万物负阴而抱阳"，与《易传》太极阴阳合抱

《易传》"太极生两仪，两仪生四象，四象生八卦"，即肯定了万物是由太极阴阳运动而产生的，并没有再认为太极（"一"）之前还有什么物（"道"），因此对宇宙本体论及宇宙运动的认识，《易传》比《道德经》要先进得多。

杨力启示

《道德经》虽然也提出万物负阴而抱阳（"一"），却在"一"之前还有一个物（"道"），并且还一再强调"先天地生"（"有物混成，先天地生"）。因此，由于《道德经》认为天地化生运动之前还有一个东西（"道"），从而使《道德经》有唯心之嫌，一直被后世定为客观唯心主义。

（二）庄子对"道"的认识

庄子进一步肯定老子的道不是神灵。《庄子·大宗师》曰：

> 夫道有情有信，无为无形，可传而不可受，可得而不可见，自本自根，未有天地，自古以固存。神鬼、神帝，生天生地，在太极之先而不为高，在太极之下而不为深，先天地生而不为久，长于上古而不为老。

其中，"神鬼、神帝、生天生地"即言庄子的"道"已经肯定为在鬼、

神之前，说"道"决非神灵之辈。

老子只言"有物混成，先天地生"，未言先天地而生的物与鬼神的关系以及此物早到什么程度。庄子进一步阐明先天地而生的物比鬼、神还先，并言比天地鬼神远远要早的物是"在太极之先而不为高，在太极之下而不为深"（《大宗师》），"道无始终"（《秋水篇》），说明这个"道"（物）是无限远、无限久的，这些对于宇宙起源的认识都是唯物主义的，并且比老子又进了一步（鲜明地提出：道先于鬼神），是划时代的认识。

但《庄子》又言："道有情而无形"（"无为无形，可传而不可受，可得而不可见"）。如果不联系全文只凭这一句话，确实使人易理解为道是一种有情无形的神灵，但实际上庄子指的绝不是神灵之类的东西，庄子已进一步肯定道是一种物。

庄子在《道德经》"有物混成、先天地生……独立而不改"的基础上把这个独立的物（道）进一步作了形而上学的发展。《庄子》认为这个独立的"道"千古不变（"自古以固存""长于上古而不为老"）又是非辩证法的。

世界上的万物都处于不停的运动变化之中，老庄虽然皆认为客观事物是在不断发展变化着的，（"道生一，一生二，二生三，三生万物"），却又认为"万物负阴而抱阳"（"太极"、"一"）"有先天地生者物焉"（《知北游》），"自古以固存""长于上古而不为老"（《大宗师》），即认为在物质运动之前还有一个至高至远永存不变的天地万物之母——"道"。这是老庄哲学的致命弱点——形而上学。

正如毛泽东同志所说："所谓形而上学的或庸俗进化论的宇宙观，就是用孤立的、静止的和片面的观点去看世界。这种宇宙观把世界一切事物、一切事物的形态种类，都看成是永远彼此孤立的和永远不变化的。如果说有变化，也只是数量的增减和场所的变更。而这种增减和变更的原因，不在事物的内部而在事物的外部，即是外力的推动。形而上学者认为，世界上各种不同事物和事物的特性，从它们一开始存在的时候就是如此。"（《矛盾论》《毛泽东选集》第275－276页，人民出版社，1964年版）

因此，老庄哲学是唯物的，承认物质是第一性的，但却又有形而上学的色彩。当然这是老庄所处的历史时代和科学发展水平所决定的，尽管老庄在道的论述上有自相矛盾的部分，但仍然包含着一定的唯物主义成分在内。

《庄子·齐物论》说道："有始也者，有未始有始也者，有未始有夫未始有始也者；有有也者，有无也者，有未始有无也者，有未始有夫未始有无也者。"及《知北游》曰："有先天地生者物邪？物物者非物。物出不得先物也，犹其有物也，犹其有物也，无已。"

即追问宇宙起源开始前的开始是什么？《知北游》的回答是"非物"（"物之者非物"），在物的产生之前不可能还有什么先物（"物出不得先物也。"）物的产生是没有止境的。（"犹其有物也，无已。"）

这里，庄子已经认识到万物的起源是无限的（"无已"），无始无终的，却又认为开始的开始不是物，这是庄子认识论上的矛盾，唯物主义体系中又有唯心主义的成分。

《庄子·知北游》："物物者，与物无际。而物有际者，所谓无际者也。不际之际，际之不际者也。谓盈虚衰杀，彼为盈虚，非盈虚；彼为衰杀，非衰杀；彼为本末，非本末；彼为积散，非积散也。"即产生物的东西，是无限际的，万物是有限际的，并且存在着生老衰杀，有始有终，可积可散的。而产生物的物则是无限际的，不变的，固定的，无生也无灭。

《庄子·秋水》曰："道无始终，物有死生"，把"道"与"物"绝对区分，更说明了他把"道"绝对化，绝对排斥于万物之外。

《庄子·知北游》："精神生于道，形本生于精，而万物以形相生。"

第六章
老子与道家哲学智慧

> **杨力启示**
>
> 老子的"道"涉及的是世界的起源问题,这个问题本来就是哲学区分唯心主义和唯物主义最根本的试金石。《道德经》认为万物开始之开始是道,虽然指出"道"是物,却又认为是"先天地生",应该肯定的是老子否定了万物造化于神灵,至于那个"物"具体指什么,应用历史的观点去看待。

关于世界的起源,现在的观点当然已经知道世界的起源是物质,这是绝对的,并且是无始无终的,即世界万物无限小也无限大。

人的认识观是逐渐发展的,20世纪以前还以为最小的物质是原子,现在已经知道比原子小的还有电子、质子、离子……可见人的认识决定于科学的发展。两千多年前的老子能知道万物开始的开始——"道"是一个物(而不是神灵)就不错了,在当时的科学条件下,他只能认为是恍惚的东西,而无法肯定是何物。

即使是21世纪的今天,也无法确切肯定是何物。因此对老子的"道"应历史地、客观地看待。综观上述分析,《道德经》的"道"基本上是唯物的,至少也应认为是唯物的萌芽,而不能下唯心主义的结论。

> **杨力启示**
>
> 《道德经》这部书,对宇宙发展的认识是正确的。但对宇宙的起源却是矛盾的,肯定了不是神灵,是物,但究竟为何物?限于当时的历史条件及科学发展水平,老子对"道"的回答是含糊的,这也是可以理解的。既不能轻易认为老子的"道"是绝对精神的,也不能脱离老子所处的时代,以现代的观点把老子的"道"辩证唯物化,而认为老子的道非神,具有宇宙起源唯物观的端倪,方为客观。

二、老子"有无"观与庄子相对主义

关于"有""无"的关系,《道德经》曾有具体论述。如第十一章:"凿户牖以为室,当其无,有室之用",即强调房室的空间是房屋之用,没有空间,其门、窗、墙壁也无法体现它的作用,提出了有与无之间的辩证的统一,这是极其有价值的。但在宇宙本体方面,"无"究竟是什么,老子的回答是矛盾的。如老子的有无观:

老子"无"是无极?无限?还是"不存在"?

《道德经·四十章》"物生于有,有生于无","无"是什么?第二十八章曰"复归于无极",即言"无"是"无极"。再结合第二十章"道之为物……其中有物,其中有精,其精甚真,其中有信",及第二十五章"道强为之曰大,大曰逝,逝曰远,远曰反"。

即指"道"无限大,无限远,最后则反。又说:"反者道之动。"(四十章)即言事物从静又变归于动,说明老子的无,应视为"无极"。但老子第十四章又明确提出:"复归于无物"。足见老子的"无"是矛盾的,至少《道德经》没有明确的答案。

那么庄子的有无观又是什么呢?

庄子发展了老子本来不太明确的"无",并取消了老子的"有"和"无"的界限,混淆了"有"、"无"之间质的规定性,从而陷入了相对主义的泥坑。如《庄子·齐物论》说:"方生方死,方死方生。"《齐物论》还说:"有以为未始有无者,至矣尽矣,不可以加矣。"《齐物论》说:

> 有始也者,有未始有始也者,有未始有夫未始有始也者。有有也者,有无也者。有未始有无也者,有未始有夫未始有无也者。俄而有无矣,而未知有无之果孰有孰无也。

足见庄子怀疑"有"的存在,并把老子本来就不清楚的"无"概念与

第六章
老子与道家哲学智慧

图 85　少私寡欲

有相对化，实质上也就取消了"无"的存在。因此庄子的错误有无观是导致庄子相对主义产生的根源。于是，庄子取消了一切事物之间的界限，创立了他的所谓齐物论，如《齐物论》写道："物无非'彼'，物无非'是'"、"方生方死，方死方生"，"方可方不可，方不可方可"，"因是因非"、"因非因是"。

> **杨力启示**
>
> 庄子夸大了事物相对的一面，抹杀了事物绝对存在的一面，把一切事物都加上了一个等号，甚至到了把道我、物我一体化的程度，终于跌入了虚无主义的深渊。

三、道家无为哲理

（一）无为是道家的核心体系之一

杨朱的无为—为我体系。无为始创于杨朱，杨朱是隐士，杨朱学派是道家的较早学派。

他的思想主要见于《列子·杨朱篇》，其次分别载于《孟子》、《荀子》、《庄子》、《吕氏春秋》及《淮南子》等。杨朱一派的思想体系是"为我主义"，他的为我主义是建立在无为的基础之上的，远世避尘是他的政治主张，他的"无为—为我"到了"拔一毛而利天下不为"的程度（《孟子·尽心上》）。

《吕氏春秋》也说："阳生贵己。"他主张不问天下事，但求"全性保真"。他反对儒家"栖栖遑遑"的有为而为，主张自我保养。显然杨朱是明显的保守派，也是他对当时社会不满的一种消极反抗，形成这种思想当然与他不能适应战国时代社会动荡的历史背景分不开。

他反对有所为而为，主张不为，一切听从自然，是一种明哲保身的处世观。他强调"无为"而"重生"，为道家学派中的典范，对庄子的"重生"产生了深刻的影响。

（二）《道德经》自然无为思想体系

《道德经》的无为是自然无为，《道德经》提出的"道法自然"即老子的宗旨。老子的无为无不为，就是"道法自然"的具体解释，即顺应自然规律不妄为才能万为。这是科学的论断，在自然科学上极有指导意义。

但老子把宇宙自然无为观照搬到社会学中，则陷入了消极倒退落后的境地。老子的社会无为观主要包括无为、无欲、无知、无争、居下……最终目的是要倒退到"小国寡民"、"鸡犬之声相闻，老死不相往来"的原始结绳氏族社会。

> **杨力启示**
>
> 老子的主张是倒退至远古时代，生产力低下，人民无所追求，社会无所发展的最低标准的人类生活。因为，在老子看来，如果社会要发展，人类要进步，就必然要有所为、要争斗，势必就要导致战争，招来残杀。因此，他坚决主张无欲就能无为，无为便能不争，不争才能无事。并强调无欲就必须无智，要铲除无欲的根源就应"无知"——"绝学"（二十章）"弃智"（十九章）。

图86　回归于婴儿

四、庄子"无己"、"无待"无为观

庄子发展了老子的"无为"及杨朱的"重生",创立了独特的"无己"、"无待"无为观。即由避世无欲发展为无己游世。即用"坐忘"的方式,把自己的精神脱离形体躯壳("无己"),而海阔天空任凭周游,这是庄子独创的一种用逍遥游超脱社会的方式。他追求的最高境界——"至人",即是一种没有任何束缚、任何条件的绝对精神自由("无待")。

庄子认为这是他的心灵境界"道"的最高目标。他的"无己""无待"无为观在《庄子》内篇《逍遥游》中表达得淋漓尽致。该篇借鹏鸟翱游太空高飞九万里,抒发其精神自由,并认为列子虽能腾云驾雾,还是"有待"的(有一定限制),尚不如鹏鸟自由。鹏鸟是"无待"的(无限

图 87　道之为物……其中有精

制的），而那些小雀、小鸟更是无足挂齿。这就是庄子的逍遥观，也是庄子的无己无待的无为观。

为了要达到庄子理想中的"无待"（无限制的自由生涯）境地，庄子比老子向往的结绳时代（原始社会）还要原始，居然提出要回复到人禽共居的超原始时代（"同与禽兽居，族与万物并"《庄子·马蹄》），甚至反对提高生产力，反对发展经济，反对学文化。（《庄子·胠箧》）

如曰："夫弓弩毕弋机变之知多，则鸟乱于上矣，钩饵罔罟罾笱之知多，则鱼乱于水矣；削格罗落罝罘之知多，则兽乱于泽矣；知诈渐毒颉滑坚白解垢同异之变多，则俗惑于辩矣。故天下每每大乱，罪在于好知。"这就是庄子从虚无主义到不可知论的发展。

杨力启示

综上所述，道家的无为观总的宗旨为《道德经》的"道法自然"，包括宇宙无为观及社会无为观。其中，老子的宇宙无为观是光辉的、积极的，对自然科学影响极大，与中医学有密切关系。其社会无为观，无论杨朱，《道德经》或《庄子》都是消极的、与世无争的、无欲无为的隐士哲学。他们的这一套处世哲理虽然是消极的，但在特定的场合下，也能起到积极的效果，因此也被相当一部分人所接受，并创造了一套独特的处世策略。诸如："小不忍则乱大谋"、"以守为攻"、"以退为进"、"以柔克刚"，和儒家的锋芒毕露相比，自有另一种哲味。因此几千年来对中国人民的心理仍然有着深刻的影响。

五、道家精气哲理

精气，在《易传》中已有论述，如《易·系辞》曰："精气为物，游魂为变。"《孟子》具体提出要养"浩然之气"，并指出浩然之气的特征为"其为气也，至大至刚，以直养而无害，则塞于天地之间。其为气也，配

义以道，无是馁也。"（《孟子·公孙丑上》）

精气在道家作了重要发展，如《庄子·知北游》说："人之生，气之聚也，聚则为生，散则为死，故曰通天下一气耳。"

管子也说：人体由气所组成（"气者，身之气也"《管子·心术》）。后世精气学说作了延伸，对中医学的精气学说颇有影响。

第三节　正确评价道家

道家是以老庄思想为核心体系的学派，在我国文化史上占有重要地位，几千年来一直成为中国的第二大学派，无论从积极的和消极的方面，都对中国文化产生了巨大的影响。

道家的先师——老聃，是一位杰出的思想家、自然主义哲学家，他的主要思想皆反映于《道德经》。《道德经》成书于战国后期，是一部宏伟的道家经典，是道家思想的集大成。五千字理意精深，词意锤炼，凝聚着丰富的自然哲理，无论对我国的哲学、思想、文化、科学、宗教都有深远的影响。

庄子是道家的第二位杰出人物，是古代著名思想家、自然主义哲学家之一，是道学的继往开来的主干，其著《庄子》是继承及发扬老子思想的巨著，文辞优美，构思浪漫，不仅是哲学专著，也是中国浪漫文学的典范，对中国的思想、文化、文学、艺术都有重大影响。

《正统道藏》是道家的著作汇编，书内几乎囊括全部道家著作、文献，是一部博大精深、宏伟壮观的巨著，为道学的超集大成。

道家学派，虽然一度与儒家相鼎立，但长期处于"异端"学派的地位，尤其在汉武帝"罢黜百家、独尊儒术"的影响下，道家一度屈居低谷，但道家不求功名、看破世尘的情操，使他们顽强地保存着、发展着，为中国文化的发展，默默地做出了不朽的贡献。

第七章　老子道家与周易哲学智慧

以往只认为《易经》是儒家的思想基础，然而事实上，《易经》和道家理论也同样密切。大量历史文献及实践事实证实了这一观点。

道家的主要理论外丹及内丹皆建立在《易经》阴阳八卦的基础上，道家的四大经典著作也都是以易理为指导的，说明道家思想不但以老庄思想为基础，并且和《易经》有着极为密切的关系。

《易经》与道家的关系证实了易道相通的理论。易道相通在于道源于易，还在于对阴阳观和性命观的融一。尽管对本体观的探索存在着"有"与"无"的迥异，但并不妨碍在太极八卦方面的合拍，所以道家修炼的实质是以易理为核心的，丹经之祖——《周易参同契》证实了这一理论。

易理的引进，开辟了道家修炼的新境界，说明道家理论既源于黄老之说，也源于易理。

易道相通还在于代表儒家思想的《易传》及代表老子思想的《道德经》，二者同源于《易经》而殊途。

第一节　易道哲理相通

在深入研究道学宝库——《正统道藏》的过程中，一些研究成果愈加证实了道学与易学的密切关系。道家的主要理论外丹及内丹理论皆建立在易经阴阳八卦的基础上，和易理有密切关系，并且道家的四大经典著作，如《黄帝阴符经》、《黄庭经》、《悟真篇》、《太平经》，其理论基础都是建立在易理上的，甚至诸家注疏也几乎都是以易理为指导的，说明道学与易学是相通的。

道家不但经典理论与《易经》密切相关，而且道家的修持方法——内丹修炼也是以易理为基础的，自从万古丹经之王——《周易参同契》把易理充分应用于炼丹术后，便促进了内丹理论的形成。尤其唐宋以后，一些大儒对内丹术的研习，更推动了内丹理论的发展，如宋代大儒朱熹也求丹于道学。此外，崇拜儒学的道士陈抟所著的《无极图》影响尤甚，是继《周易参同契》之后进一步把易理应用于丹道的集大成，对道家内丹理论的发展做出了重要的贡献。

过去认为《易经》是儒家的思想基础，然而事实上《易经》和道家理论更为密切，道教是起源于中国也是发展于中国的教派，曾一度和儒、释相鼎立，对中国的文化产生了深刻的影响。

从《正统道藏》所收载的道家经典著作来看，道学理论不仅与《道德经》有密切关系，而且与《易经》更为密切，大量历史文献及实践事实证明了《易经》是道学的理论基础，这是西印文化，尤其是佛教渗入中国之后，道教依然屹立的缘故。由于道学有一套建立在易理基础上的完整的理论体系，因此道教不会被别的宗教挤垮，这也说明《易经》对中国文化影响之深远实在是令人叹为观止，而且是无以辩驳的客观事实。

道家内丹修炼术是在外丹术的失败下崛起的内养术，对中国气功及武术有着深刻的影响，对养生术有着重要的启示，对中国人民的健康曾起到很大的作用，应该进一步发掘。道家内丹术这一东方养生术中的奇葩，必将为世界人类的健康做出应有的贡献。

杨力启示

道教文化是中国文化的重要组成部分，蕴藏着丰富的宝藏，其中的各种养生术是一颗颗耀眼的明珠，尤其内丹术则更是一株独特的奇葩。在养生延命方面有着重要的启迪意义，是极其值得发掘的。把这些宝藏发掘出来，对中华民族的保健事业将具有一定的意义。

第七章 老子道家与周易哲学智慧

一、道教的"道"哲理

道，是道家思想体系的核心，什么是道？《易经》"一阴一阳之谓道"和"易有太极，是生两仪，两仪生四象，四象生八卦"的意义是一样的，即道为阴阳合抱的整体，万物生化之本源，为生机的象征，也指阴阳相互作用的规律。

《道德经》认为："道生一，一生二，二生三，三生万物。"即指道为阴阳氤氲前的虚空状态。因此"道"是《道德经》"有生于无"的理论依据，即指蕴藏着的隐性的生机，也即宇宙的本体；故《道德经》曰："道冲……万物之宗"（四章），即言"道"是万物衍生的本源，这和《易经》的"太极"为万物的本源是一致的。《易经》的"太极"即"道"，是阴阳的合抱体，万物生机的征象。故《易经》和《道德经》都认为道是宇宙万物的本体以及本源。

庄子在《易》、《老》道的基础上作了发展，成为道家道人、仙人的思想基础。即《庄子》把《易》、《老》宇宙自然的道本体论发展为心性的道、精神的道。《庄子》的道称为仙人之道、真人之道，主要精神为主客观世界的统一，即"与道合一"思想。正如《庄子·齐物论》所言："天地与我并生，万物与我为一。"《庄子》的逍遥游即充分反映了庄子"与天地合一"的思想。如曰：

> 乘云气，御飞龙，而游乎四海之外。（《逍遥游》）
> 登天游雾，挠挑无极，相忘以生，无所终穷。（《大宗师》）
> 安排而去化，乃入于寥天一。（《大宗师》）

使精神脱离形体的束缚去与天地融一，从而延长精神生命，这就是《庄子》仙人的思想基础。和佛家一样是超越生死的，也是超越现实的，这就是《庄子》的"道"，也是道家修持的最高境界。

> **杨力启示**
>
> 《道德经》强调"复归于无极","复归于朴",即复归于大自然的"真朴",旨在突出由"社会我"返还为"自然我"的质朴。"自然我",就是我与天地自然的融一,所谓与道合一,这是《道德经》"道法自然"的真旨,也是道的最高层次的含义。

二、道教独特的神仙思想

修道成仙是道教修炼的最终境界,和佛教修成佛、菩萨是一样的。神仙思想是道教的主要思想,神仙的最高标准是长生不死,道家的外丹,尤其是内丹修炼为道教成仙修持途径。神仙思想的理论根源于中国古代的长生不死观点。

中国远古时代早已推崇神仙不死的观点,如《山海经》记载的不死的烛龙、不死国、不死树……并且,远在秦代,受长生不死的影响,秦始皇曾派徐福率领3000童男童女渡海去寻找长生不死的蓬莱仙岛,一去不复返,都是古代长生不死思想的反映,说明我国求长生不死的思想源远流长,和道家的神仙思想有密切关系。

《道德经》和《庄子》对道家的神仙思想从理论上产生了深刻的影响,并把道家的神仙观念从单纯地追求长生不死上升为"仙人"、"真人"的更高精神层次,成为道教的思想体系的核心。这是老、庄思想对道教的重要贡献。老、庄的神仙思想主要的宗旨在于要达到神仙境界,即悟"道",这是道家修炼成仙的最高境界。

关于道,《道德经》曰:"道生一,一生二,二生三,三生万物"(四十二章),指出道为浑沌未破前的"万物之母"(一章),属于虚无状态,所谓"玄牝之门"(六章)。修道,即万物还三,三还二,二还一,一还道,即归还宇宙开始分化前的虚空状态,亦即所谓"返本还虚"。

"复归于朴","复归于无极"就是归复浑沌初开时的真朴,去除主观精神与客观物质之间的限制,而获得精神上的大自在、大乐融,如《道德经》"无欲、无为、无争"、"甘其食、美其服、安其居、乐其俗"。(八十章)

庄子则在老子的思想基础上有所超越,向往逍遥自在,无束无缚,如《庄子·逍遥游》曰:"藐姑射之山,有神人居焉,肌肤若冰雪,绰约若处子,不食五谷,吸风饮露,乘云气,御飞龙而游乎四海之外,其神凝,使物不疵疠而年谷熟",故把自体与宇宙天地合一,即"与道合一",这就是道家仙人、真人的最高思想境界。

杨力启示

> 道家神仙真旨还非常突出心神和形体的界限问题,即真正的神仙必须超越形体躯壳,故道家成仙强调心神离越身体躯壳,才能和天地相融一,也才能求得与天地长存。

第二节 《易经》与道家内丹修炼

《易经》和道家内丹修炼有着密切的关系,自从东汉魏伯阳所著《周易参同契》将易理引入内丹修炼后,易理对内丹理论便有了直接的指导意义,从此,内丹修炼由于有了正确的理论指导而达到了新的层次。

《易经》阴阳、八卦被直接与内丹理论框架相结合,奠定了内丹修炼的理论基础,除道家万祖丹经王——《周易参同契》有精湛的论述外,道家的丹书典籍几乎都以易理为指导。如《阴符经》、《悟真篇》、《性命圭旨》、《黄庭经》、《太平经》、《无极图》等无不以易理为基础,数百种丹书也无不渗透着易理,如《丹房须知》强调:"参同录曰修炼之士,须上知天文,下知地理,达阴阳穷卦象。"

《丹法秘诀》亦曰:"水火抽添,阴阳运扇,周三百六旬之内,历坎经离腧七十二候之中……造八卦之门墉,进火发爻,……控制阴阳、降伏龙虎……刚柔之药物,满乾坤之鼎炉资之,以阳火阴符权造化于形身……"

《内丹还元诀》亦强调曰:"夫修道者,先明五行,次晓四象,辨阴阳颠倒之术,识七宝应用之法,九仙真炁须凭脏腑之中,八卦内属。"不胜枚举,足以说明易理与道丹理论的密切关系。

> **杨力启示**
>
> 道家内丹修炼主要为性命双修,其理论来源除黄老之外,和《易经》有着密切的关系,其性命双修理论直接源于《易经》,返还理论和《易经》八卦、太极、河图洛书都甚为相关,说明《易经》和道学有着密切的渊源关系。

一、《易经》性命观与道家"性命双修"

《周易参同契》把《易经》八卦中的乾坤作为炼丹鼎炉,坎离作为炼丹原料,震巽作为炼丹橐籥,完备了内丹的鼎炉理论。尤其建立了"坎离—乾坤—太虚"的内炼返还理论,确立了内丹的修持大旨。此外,把十二辟卦与日、月运行周期相应,奠定了内丹的阴阳消息火候,进一步促进了内丹修持小宇宙与自然界大宇宙的同步融一,成为道家内丹修持的最高标准——物我融一("成仙升天")的理论依据,为道家内丹理论的形成和发展奠定了基础。

(一)《易经》性命理论

修性命是道家的最高理论,也是内丹修炼的最上乘,即最高层次,是道家修炼的最终目的——成仙。性命原理最早源于《易经》:

昔者圣人之作易也，幽赞于神明而生蓍，参天两地而倚数，观变于阴阳而立卦，发挥于刚柔而生爻，和顺于道德而理于义，穷理尽性以至于命。

昔者圣人之作易也，将以顺性命之理，以立天之道，曰阴与阳，立地之道，曰柔以刚，立人之道，曰仁与义。

这两段原文，是《易经》关于性命理论的重要阐述。《易经》指出了性命的概念，性命之间的关系，以及如何顺性命之理。原文提出了"顺性命之理"及"穷理尽性以至于命"，是道家丹法"性命双修"的重要理论基础。

（二）《易经》阐述了"性命"的概念

《易经》强调顺应天地阴阳变化的规律为性命。命，天命，性，人性，顺性命之理即顺应天道自然，如李光地《御纂周易折中》曰："顺性命则易中所言之理，皆性命也，然所谓'性命之理'，即阴阳柔刚仁义是也。"《易经》明确指出性命之理即指自然界阴阳柔刚仁义的规律。顺性命之理也即顺应天地自然之理和人的自然生命规律。

一言以蔽之：性命，为天命人性，顺性命之理即顺应天命人性，正如李衡《周易义海撮要》所言："知命知仁义（性）即天之阴阳、地之柔刚，则知性命之理，不顺乎性命之理而行之，将何所逃于天地之间乎？"

总括之，广义的性命指宇宙自然规律（性）及生灵的命理（命），狭义的性命指人的精神意识（性）及人的生理功能（命）。性与命的关系，无论广义或狭义都是不可分割的，即性无命不立，命无性不存（《中和集·卷四》）。其中，性又是矛盾统一体的主导方面，即命决定于性，也就是生灵的命理决定于宇宙自然变化规律（小宇宙从属于大宇宙），人的生理功能由人的精神意识主宰。

一部《易经》讲的是阴阳的运动变化规律及其与万事万物的关系，也就是说，《易经》讨论的是自然科学及社会科学的规律及其相互关系，即宇宙自然与人的关系，浓缩之，无非言性（人性）与命（天命）。

> **杨力启示**
>
> 《易经》的性命观，对修性命具有重要的指导价值，道家内丹学说作了精辟的阐述及应用。因此对《易经》性命理论的探索是发掘道家内丹"性命双修"瑰宝的必经途径。

（三）关于性与命的区别

《易经》已经指出天地阴阳刚柔（"天之道，曰阴与阳，地之道，曰柔与刚"）为命，人的仁义（"人之道，曰仁曰义"）为性，即在天则曰命，在人则曰性。因此《易经》的性命范围是非常广义的，既囊括天地人的自然规律在内又涉及人的精神修养。推及狭义性命，指人的生命、道德，故真正的性命，并非单纯的延命，而是"仁命"、"义命"，即提高命的价值观。

《易经》性命观为道家性命双修奠定了基础。《易经》强调了修人的品行在修性命中的主导意义，并突出仁义为修性的最高准则。

《易经》提倡仁义，儒家崇尚仁义，孔子强调"仁者孝"，和道家尊奉的真人、仙人是一致的。都突出一点，即延命不是性命双修的最终目的，成为仁人、真人、仙人的思想境界才是性命双修的最高标准。也即性与命既相关联又互为影响，起主宰作用的是性，天命虽然不可违抗，但人性是可以改变的，这就是修性命的精髓所在。《易经》强调：

穷理尽性以至于命。（《易·说卦》）

道理即在于突出性的修炼，顺性命之理才能达到命的升延。故《性命圭旨》说："有性便有命，有命便有性，但以其在天则谓之命，在人则谓之性……性无命不立，命无性无存。"故《易》曰"乾道变化，各正性命"是也。

道家内丹修炼后来发展为北宗，北宗以修性为宗旨，南宗以修命为立教,但南宗在佛教禅宗修心性的影响下也转为以修性为主导。

关于《易经》性命与《道德经》道德:

性命即道德,性即德,命即道,《易经》修性命和《道德经》修道德是一致的,《易经》早已指出了道德和性命的关系。如曰:

> 和顺于道德而理于义。穷理尽性以至于命。(《易·说卦》)

《易经》认为道德和性命是密切关联的,从而强调"天地之大德曰生"及"德圆"("德圆而神卦之德方以和")。并突出积德、恒德的重要性。

> 是故履德之基也,谦德之柄也。复德之本也,恒德之固也,损德之修也,益德之裕也,困德之辨也,井德之地也,巽德之制也。(《易·系辞》)

说明《易经》修德和修性命是密切相关的。

《道德经》五千字不曾有性命二字,然性命实即道德,命实际就是道。《道德经》讲"道法自然",即言道的含义是指宇宙自然规律,因此道就是性。德,《道德经》指自然界万事万物的秉性,当然也包括人的秉性,故德即性也。正如李光地《御纂周易折中》所言:性即德也,命即道也。因此修性命实际上也就是修道德。如《道德经》:

> 道生之,德蓄之,……
> 是以万物莫不尊道而贵德。(五十一章)

(四)《易经》修性命原理

《易经》修性命的原理即修天道及人道,修天道的原则是掌握阴阳刚柔的规律,修人道的原则为仁义。正如原文所说:

> 立天之道曰阴与阳,立地之道曰柔与刚。立人之道曰仁与义。(《易·说卦》)

其中，天道主要指顺应阴阳的消长变化规律，这一规律明确地体现在《易经》的象数易之中，全部《易经》就是一部阴阳专论。《易经》的卦爻辞及八卦、六十四卦、太极图、河图洛书都精辟地反映了阴阳的运动变化规律。

这些规律都成为道家内丹术的理论基础，如六十四卦的阴阳消长规律被用于作为内丹修炼的火候，乾卦、坤卦被作为炼丹的鼎炉，乾坤爻卦关系则成为内丹返还的原理。

万丹之王——《周易参同契》，把《易经》十二辟卦作为"进阳火"及"退阴符"周期的划分标准，即复卦至乾卦为进阳火阶段，乾卦至垢卦则为退阴符时期。《易经》的刚柔原理又被道家内丹理论借用作为武火、文火的尺度。

> **杨力启示**
>
> 在修性方面，《易经》强调"立人之道曰仁与义"，突出仁义是修人性的最高标准，故儒家的修仁是以人为最高境界。孔子提出"仁者寿"即表明性与命之间的相互关系，即人的品性（性）对人的生理功能（命）有着重要的影响，故修性是延命的前提。

二、《易经》与道家返还理论

返还理论是道家内丹修炼的重要原理，除来源于《道德经》"复归于朴"、"复归于婴儿"之外，和《易经》的乾坤坎离、先后天八卦及河图洛书皆有密切关系。关于《易经》的返还理论，虞翻早已有论述。如曰：

以乾推坤谓之穷理，以坤变乾谓之尽性。
乾道变化各正性命，以阳顺性以阴顺命。

所谓"乾推坤"即指人刚出生时，坎离相交，水火既济，即乾坤交媾，乾卦一阳爻落于坤卦成为坎卦，坎中一阴爻上于乾中而成为离卦。这样先天八卦便成为后天八卦，则成为凡人，此为顺。

返还理论，是通过取坎填离法使乾坤复原，因离中阴爻本为坤卦，坎中阳爻原属乾卦，使乾坤返本还原，则成仙人，此为道，即所谓"坤变乾"。

正如《性命圭旨》所曰："坎中阳爻，原属于乾，误陷于坤，乾之中爻损而成离；离中阴爻，原属于坤，得配于乾，坤之中爻实而为坎……圣人以意为黄婆，引坎内黄易配离中玄女，夫妻一媾，即变纯乾，谓之取坎填离，复我先天本体。"

从太极的理论来说，《易》曰"易有太极，是生两仪，两仪生四象，四象生八卦……"，返本即返还于太虚浑沌的质朴圆满境界。尤其宋代陈抟的《无极图》充分应用太极理论于道家内炼，使道家内丹修炼理论得到了进一步的提高。陈抟以太极为理论的取坎填离图，充分体现了道家返本还虚、复归于无极的理论，是易理在丹道方面的杰出应用。

以河图洛书而言：河图洛书生成数与人体五脏有密切关系，因此炼丹理论和河图洛书也很有关系，如天一生水应于肾，地二生火应于心，天三生木应于肝，地四生金应于肺，天五生土应于脾，其中，河图洛书的金数及火数被内炼丹家借用为金火返还、五气归元，所谓金火返还又称为"七返九还"，即河图代表先天五行，洛书代表后天五行。

其中，七返五还即指后天洛书的9（火）、7（金）返还为先天河图的7（火）、9（金）。五气归元，指"七返五还"之后洛书与五气，即五脏配五行的数：北方一（肾气）、东方三（肝气）、南方七（心气）、西方九（肺气）、中央五（脾气）与河图的五气复归为一，称为五气归元的内炼原则。

又脾土五数居中无定位，寄旺四方，故为中虚，返还中五即返还为中虚，亦即虚其中之意。

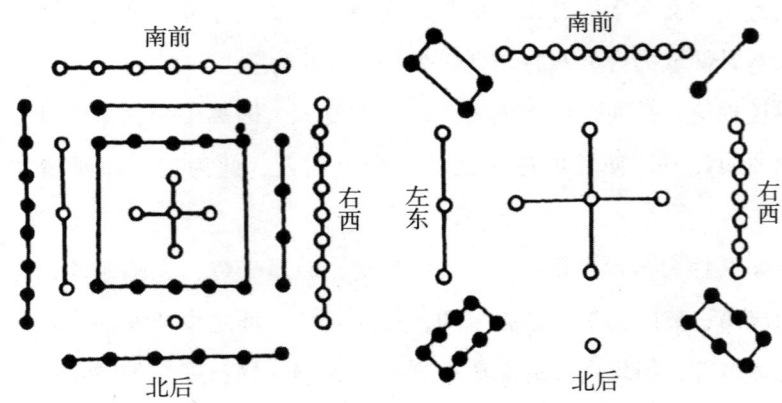

图 88　河图洛书

三、《易经》与道家内炼火候

火候的掌握是道家内丹的要害，也是道家内炼的精粹，其理论来源于《易经》六十四卦阴阳消长理论。《易经》六十四卦为阴阳消长变化的时空定点。汉代易学家孟熹、京房等将《易经》的十二个主要定点称为十二辟卦并与干支相配，称为纳甲、纳支，从此更加发挥了六十四卦的应用优势。

图 89　十二消息卦

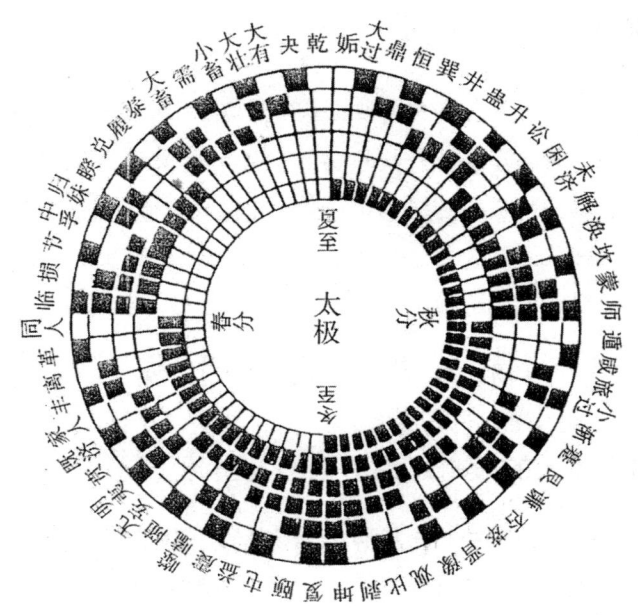

图90　伏羲六十四卦次序圆图

东汉魏伯阳将《易经》十二辟卦引进道家内炼理论。从此，易理被道家相继汲取，成为道家内炼的主要理论基础。

易理的引进，是道家修炼的里程碑，赋予了道家内炼新的生命力，促使道学被更多的人所接受，同时也奠定了儒道两家融合的基础。

火候为道家内炼周天时"进阳火"及"退阴符"的尺度。

十二辟卦，也称十二消息卦，所谓消息，即从复卦至乾卦为阳息（进）阴消时期，为一年之由冬至夏，一月之由朔到望，一日之由子至午阶段，宜用武火（较强的呼吸节奏）升督脉。反之，从姤卦至坤卦为阴消（退）时期，乃一年之由夏至冬，一月之由望至朔，一日之由午到子阶段，当用文火（较缓和的呼吸节奏）降任脉。

如《周易参同契》曰："调停火候托阴阳"、"坎戊月精、离己日光、日月为易、刚柔相当"皆为以日、月运动、阴阳消长为调停炼丹火候的依据。其中，武火及文火又是以《易经》刚柔相济为理论基础的。

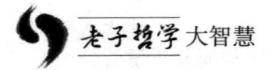

> **杨力启示**
>
> 上述从道家内丹修炼的主要理论基础和易理有密切关系，包括道家重要的性命双修、返还理论、补坎填离等，说明道家理论不仅源于黄老之说，而且深受易理的影响，足见《易经》是道家的重要理论渊薮。

第三节　道源于易

一、易道关系的核心是易道相通，道源于易

易道相通，其缘由在于皆溯源于《易经》。代表孔子思想的《易传》及代表老子思想的《道德经》和《易经》的关系皆同源而殊途。其中，《易传》尊《易》之乾天阳动，《道德经》则崇其坤地阴静。因此，以《易传》为经典的儒家贵刚健，而以《道德经》为圭臬的道家则重柔顺，从而形成了中国文化思想史上既对立又互相渗透的儒道两大家。

儒、道两家在中国文化中皆占有重要地位，对中国文化的发展产生着重要影响。由于儒道两家一源而二歧，和《易经》有着极为密切的关系，二者相反相成，对中国的思想文化、宗教信仰、伦理情操皆产生着深刻的影响，因此，研究《易》学不但要研究儒学而且必须研究道学，同样，研究道家思想也必须研究《易》儒的影响。

> **杨力启示**
>
> 从哲学思想来看，儒家发展了《易传》的"形而下者谓之器"的观点，道家则发展了其"形而上者谓之道"的思想，从而对儒道两家的唯物世界观及唯心观产生了深刻的影响，同时也因此决定了儒家积极有为的入世人生哲学及道家消极无为的出世人生哲理的迥异。

二、《道德经》哲理源于《易经》

《道德经》思想的产生不但远在《易经》之后，而且其成书年代也晚于《易传》，故《道德经》对《易经》的思想作了重要的继承和发展。

（一）《道德经》哲学思想渊源于《易》，而且作了发展

《道德经》的哲学思想主要为道本体论及辩证法思想，然都渊源于《易》，又作了重要发展。

《道德经》本体论与《易经》：

《道德经》的道指宇宙本体论，即指天地万物的本原。关于宇宙本体论的探索，在《易经》时代虽然还没有达到高度概括、高度抽象的程度，但《易经》已经通过阴阳爻的变化及乾天坤地八卦反映了万物本源于天地阴阳变化的概念，为《道德经》的天道观奠定了基础。

自《易经》之后，孔子强调以国事、人事为核心的人道观，而老子则发展了天道观，《易传》则是人与天地、社会相统一的三才观，并以纲缊气本体即强调"有"本体，奠定了本体论的唯物观基础，对宋明理学本体论的发展，产生了很大的影响。

如对张载、王夫之的唯物主义本体论的形成起了决定性的影响，《易传》的三才观是对《左传》、《国语》天道、人道观的超越，因为《左传》强调"礼以顺天，天之道也"（《文公十五年》），《国语》突出"必顺于天"（《国语·越语下》），皆为对天的敬畏。

《道德经》则突出天道，《道德经》的天道观虽然是唯心的、不彻底的，然却对古代本体论的探索取得了突破性的进展，对古代哲学的发展有重大的促进作用。

杨力启示

> 总之，《道德经》的本体论脱胎于《易经》，又对其作了不同方向的发展。《易经》突出"有"，《道德经》强调"无"，共同把古代世界本原的探索推到了高峰，对宋代本体论的升华产生了深刻的影响。

（二）《道德经》辩证法思想与《易经》

《道德经》的辩证法思想非常精辟，但仍然是对《易经》辩证法思想的继承及发展。

1. 《道德经》变易哲理渊源于《易经》的"易"

《易经》最重要的观点即是变易观，认为世界上的一切事物都在不停地运动着、变化着和发展着。这一观点使《易经》成为古代辩证法的开山，对古代辩证法思想产生了深刻的影响。《易经》的这一观点是通过有规律的爻变体现的。

《道德经》的变易观远不及《易经》的丰富和富于哲理。《易经》的变易观极为强调变新（如突出"日新"），而《道德经》则提倡回归、返还及守旧。《道德经》虽然接受了《易经》的变易思想，但却在发展方向上与《易经》大相径庭，并且反其道而行之，这也是变易观的倒退。

2. 《道德经》矛盾法则源于《易经》的阴阳矛盾

《易经》的矛盾观是以阴阳对立统一为核心的矛盾观，并以阴爻"– –"，和阳爻"—"为体现，奠定了古代的矛盾法则。

《道德经》的矛盾观继承了《易经》的矛盾原理，并作了丰富的阐述，如曲与直，祸与福，柔与刚，生与死，弱与强，正与反……是对《易经》矛盾观的发展。但在矛盾的转化方面，《道德经》却和《易经》背道而驰，《易经》强调积极的转化，突出人的主观能动性，《道德经》的转化观则因过分强调自然转化，轻视人的主观能动作用在矛盾转化中的重要意义，因此《道德经》的矛盾思想虽然丰富，但其矛盾双方的转化却导致消极的统一。

杨力启示

> 如"无为无不为"实际上是受古代齐物论的影响，取消了无为与有为之间转化的条件，认为无为与有为相齐，从而导致了《道德经》消极的人生哲理，足见《道德经》的矛盾观渊源于《易经》，却又作了和《易经》相反方向的发展。

3. 《道德经》的中和哲理源于《易经》的中正观

《易经》强调中行、中和及中正，并通过爻卦充分反映了这一原理，奠定了古代中和观及平衡论的基础，不但对儒家中庸之道产生了深刻的影响，而且对道家的中和观也起到了重要的作用。如《道德经》："万物负阴而抱阳，冲气以为和。"（四十二章）

《易经》的中和观强调阳与阴衡、刚与柔和，而《道德经》则偏于阴与阳平、柔与刚强。《易经》强调、突出刚，《道德经》则注重顺、崇尚水，故《道德经》的"柔弱胜刚强"是以柔克刚的和谐，而非弱肉强食的竞争。

《易经》的中和观，是在突出"有为"基础上的中和，《道德经》的中和观则是在强调"无为"宗旨上的中和，因此，同是中和但却有天壤之别。《易经》强调革命自强、刚健、奋发、斗争，如《易》曰"天地革而四时成，汤武革命"，（《易·革卦·彖传》），而《道德经》则主张让、守、退、待、不争、不斗、不学、屈曲，旨在以退为进、以守为攻，从而取得平衡。

总之，《道德经》的中和观继承于《易经》，但却走了另外的发展道路，即是以退为主的和谐，而非以进为重的权衡。《道德经》的中和观与《易经》的中和观相反相成，共同成为古代中和观的两种不同的思想方法。

> **杨力启示**
>
> 综上所述，《道德经》哲学思想渊源于《易经》，却又从相反的方向进行了发展，与《易经》一起成为唯物与唯心两大哲学体系的开山，二者相反相成，共同对中国哲学的发展产生了深刻的影响。

（三）《道德经》社会哲理与《易经》

《道德经》的社会观和哲学观一样，和《易经》完全相反，《易经》的社会观是积极有为，主张入世，而《道德经》则是消极无为，主张出世。

1. 《道德经》的出世哲理

由于《道德经》的宇宙观是"无",强调"天地万物生于有,有生于无"(四十章),因此对存在的认识是玄虚的,强调天地之根是至虚的,所谓"玄牝之门,是谓天地根"(六章)、"至虚极,守静笃"(十六章),从而决定了《道德经》的社会观是出世观,和儒家的重入世相反。《道德经》的政治观是"小国寡民"、"不相往来",人生观是世外桃源,"甘其食,美其服,安其居,乐其俗"。(八十章)

2. 《道德经》的无为哲理

由于《道德经》的社会观是出世观,因此其人生观是无为观,并认为无为与有为,不争与争,并没有什么区别,即所谓"无为而无不为"(四十八章),"夫唯不争,故天下莫能与之争"(二十二章),在无为的前提下,《道德经》提出绝学无知,"绝学无忧"(二十章),因为无为也就主张"不争不斗",一切听从自然,所谓"道法自然。"(二十五章)

杨力启示

总之,《道德经》的社会观与《易经》的社会观截然不同,《易经》强调统天下,《易·乾·彖》:"建万国"(万乘之大国),"亲诸侯"(互建邦交),《易·比·彖传》:"大人以继明照四方",《易·离·象传》:"君子以自强不息"《易·乾·象传》,即一派奋发向上的气势,这是《道德经》的思想体系所无法与之相比的。

3. 《道德经》的以天为治哲理

《易经》儒家是以人为治,以人为核心,《易经》三才观强调人与天地、社会是一个统一整体,人在这个统一整体中大有作为,作为的目的在为人。

《道德经》道家则恰恰相反。在天地人三才观中,强调道法自然,主张以天为治,坚决反对人为,更不主张为人,甚至提出愚民政策,如"常使民无知无欲,使夫知者不敢为也"(三章)。道教最终把《道德经》的无为观发展为与天融一的神仙境界,亦即把离世出尘、修身养性作为人生的归宿,最后把无为而治发展成为宗教信仰,彻底登上了宗教的仙殿。

(四)《道德经》的伦理哲理与《易经》

《道德经》的伦理观和《易经》正相反,《易经》讲仁义,强调"立人之道曰仁与义"(《易·说卦》),重礼善,如曰:"君子以非礼弗履"(《易·大壮·象传》),"积善之家必有余庆,积不善之家必有余殃"(《易·坤·文言》),忧国忧民:"君子安而不忘危,存而不忘亡,治而不忘乱,是以身安而国家可保也。"(《易·系辞下》),并以孝道正家:"家人有严君焉,父母之谓也。"

"父父,子子,兄兄,弟弟,夫夫,妇妇,而家道正。正家,而天下定矣"(《易·家人·象传》),说明《易经》的伦理是建立在为国为家的原则上的伦理,属于高度社会化的伦理。

《道德经》的伦理则属超脱社会群体的伦理。强调自我的个体伦理,故坚决主张"绝仁弃义"、"绝圣弃智"(十九章),"绝学无忧"(二十章),即废弃仁义道德,杜绝圣智,辍学绝知,在个性方面主张无为无欲,委曲求全,柔顺如水,如曰:"曲则全,枉则直,洼则盈,敝则新,少则多,多则惑。"(二十二章)

在人生气质方面主张"抱朴"、与世无争(十九章),"复归于婴儿"、"复归于朴",即强调伦理归于自然,反对道德修养,主张修身养性,目的在于获得精神超脱和个性的绝对自由。

> **杨力启示**
>
> 总之,《道德经》的伦理观主张超越社会群体的伦理,即不负社会责任的伦理,将伦理高度个体化、自由化,和《易经》分别奠定了中国社会的两大伦理情操的基础。

三、《易经》与道家哲理的渊源

《易经》是中国传统文化的总根,它不仅是儒家的经典,而且也是道家的理论渊源,和道家有着极为密切的关系。无论与道家的理论或是方术都有着直接的血缘关系。

(一)《易经》是道家社会哲理的胎源

《易经》不仅是儒家政治思想的根基,也是道家社会观念的胎源。

《易经》的社会思想是天道、人道、地道三才的统一观。如曰:

> 立天之道,曰阴与阳,立地之道,曰柔与刚,立从之道,曰仁与义。(《易·说卦》)

既强调人与天地自然的关系,也重视人与社会群体的关系。其中,儒家充分发展了《易经》人与社会的关系,而道家则继承了《易经》人与自然的融一。所以儒家突出入世,主张参与,强调个体对群体的责任,而道家则选择出世,主张超越,突出个体对群体不负任何责任的人生观。

儒家强调大国,重视社会发展,突出"革命",而道家则追求"小国寡民"、"鸡犬之声相闻,老死不相往来"。儒家强调封建君臣礼制,宗族等级的社会制度,而道家则追求逍遥自在的神仙境界,因此儒家的政治社会观是积极的,是富有社会责任感和使命感的,而道家的政治社会观则是消极的,没有任何社会责任感和使命感的。

杨力启示

> 儒道思想所以天壤之别,根源在于对宇宙本体论"有"、"无"的认识。儒家认为实有,道家主张虚无,这导致了他们社会观的根本区别。

(二)《易经》是道家人生观念的渊源

儒道二家的伦理观念其实皆源于《易经》,一源二歧而已。其中儒家的人生哲理从乾天刚健发展，而道家的生活准则是以坤地柔顺为圭臬。

故儒家强调阳动，主张奋斗、竞争、刚强，而道家则主张阴静、推崇谦让、容忍、柔顺。

儒家注重学习，强调育人，力倡为国、为社会。而道家则提倡不学，力废教育，主张为己、为自然。于是儒家强调"自强不息"，道家则崇奉"无为无欲"。

在上述前提下，儒家强调重仁义，尊圣贤，而道家则主张贬仁义，废圣贤。于是儒家的教化以"大人继以明宇照四方"为宗旨，而道家的修养则主张"不敢为天下先"。

杨力启示

> 儒道二家的人生哲理各择《易经》阳刚阴柔的方向发展，儒家的人生道路重刚强，道家则重柔弱，因此儒道二家的人生哲理，究其本源皆胎出于《易经》。道家的人生观虽然远不如儒家积极，但社会同样是一个阴阳动静的统一体，要保持动静的平衡，道家的人生观同样不能缺少，否则社会将难以融合。

（三）《易经》是《道德经》哲理的根基

《道德经》是战国时期辩证法思想的集大成，有丰富的哲理，但《道德经》的哲学思想是渊源于《易经》的。前已述及，《道德经》对《易经》的哲学思想，主要是对辩证法思想作了重要的继承和发展，和《易经》交辉相印。

第四节　易道哲理关系的重大启示

道家和儒家同出《易经》，却在认识论、社会观、人生观方面大相径庭。《道德经》是一部哲味很浓的书，然而却导致了消极的人生观。其中启示如下：

一、宇宙本源的哲理对世界观的重大影响

导致《易经》与《道德经》在世界观、人生观、伦理观等诸方面的严重对立，根源在于对宇宙本源认识的迥异，也即在于对世界本源的认识是有还是无，是实还是虚，是唯物的还是唯心的。《易经》由于对宇宙本源的认识是实有的，因此决定了它的人生观是积极的和入世的、有为的。

反之，《道德经》由于对宇宙本源的认识是虚无的，从而决定了其人生态度的消极出世和无为，从而启示了对宇宙本源认识的重大意义。因为这一根本问题决定着人生的一切问题。中国历史上儒家之所以与佛道两家的人生观不同，原因就在于对世界观的有、无的不同认识，从而启示了宇宙本源的认识对世界观的形成有重大影响。

二、矛盾转化条件的哲理对人生观的重大意义

《易经》和《道德经》的辩证法都是相当杰出的，但结果却形成了积极和消极两种截然不同的人生态度，根源在于对矛盾转化条件的认识不同。《易经》强调人的主观能动性在矛盾转化中的重要意义，因此主张积极入世，强调有为，强调革命。而《道德经》则恰恰相反，取消了矛盾转化的条件，过分强调自然转化，轻视个人能力在矛盾转化中的作用，这也是导致其消极人生观的哲学根源。

三、辩证的否定观对人生哲理的重大影响

事物的发展规律是否定之否定规律，即旧事物不断被否定而转化为新事物的规律，旧事物必然灭亡，新事物必然取而代之，这是事物发展的必然规律。新旧事物的矛盾，是事物发展的根本原因。

《易经》极为重视新事物的产生，高度突出生生和日新，而且突出的是辩证的否定观。强调通过内在矛盾运动进行的自我否定，而不是依靠外

力,所以极为重视以有为的努力实现旧事物向新事物的转化,亦即通过主观努力实现新事物对旧事物的否定。因此,《易经》突出新生,强调上进,以日新作为否定旧事物的征象,以有为作为新旧事物转化的条件。

而《道德经》采取的则是以绝对否定为核心的辩证法,对新生不感兴趣,主张遁世去俗,废除仁义治国,礼义兴邦,对当时的社会现实作了全盘的否定,尤其反对有为。由于《道德经》把否定和肯定对立起来,因此采取了消极的、看破社会隐居无为的原则,走向了修身养性的精神超脱的道路。《道德经》所以滑到了形而上学的否定观道路,是因为其对春秋战国时代,诸侯混战弱肉强食的厌倦和对当时儒家仁礼的失望,说明《道德经》思想体系的形成和当时的社会背景有密切关系。

上述说明,社会背景、人生观及哲学认识三者之间关系极为密切,而且互为因果关系。即社会背景可以改变哲学认识,哲学认识又决定着人生态度。反之,人生态度决定着对哲学的认识以及对社会的影响。

孔子和老子虽然生长在同一时代,经历着同样的社会现实,但却有着不同的人生态度,说明哲学认识对人生态度的重大影响,这提示我们唯物宇宙观、唯物辩证法对形成正确的人生观具有重要影响。

杨力启示

《易经》不仅是儒家的经典,也是道家的元典,说明中国传统文化同源而殊途的规律。《道德经》继承和发展了《易经》的辩证法思想,和《易经》交相辉映。

第八章　道家与中医学智慧

《黄帝内经》受《易经》及《道德经》的双重影响，充分汲取了其中的哲理，并创造性地和医学相结合，使《黄帝内经》成为融哲理与医理为一炉的光辉巨著，对中医学的形成和发展起到了巨大的推动作用。

第一节　《道德经》与《黄帝内经》

一、《道德经》的"道"与《黄帝内经》的"道"

老子《道德经》上篇言"道"，下篇言"德"，故《道德经》以道德为核心，道为德之源，德为道之体现。

老子的"道"，在《道德经》里含义颇为复杂，然总归之，即指自然界宇宙本体论的道及宇宙万物运动规律的道。

《道德经》第一章曰：

> 道，可道，非常道。名，可名，非常名。无名，天地之始；有名，万物之母……玄之又玄，众妙之门。

所言道，指道为万物之母，众妙之门（万物之源）。《道德经》第二十五章所曰："有物混成，先天地生，寂兮寥兮，独立而不改，周行而不殆。可以为天下母，吾不知其名，字之曰道，强为之名曰大，大曰逝，逝曰远，远曰反。"二十一章："道之为物，唯恍唯惚……其中有物…其中有精…其精甚真，其中有信。"即言"道"为一种宇宙本体，阴阳未判之前，"道"为一混沌东西，即认为"道"是物质的，万物源于道，所谓"道法自然"。本句是《道德经》最为光辉的部分，指出了宇宙万物来源于"道"，"道"是一种物质而非什么神灵所创。

"道"如何化生万物？《道德经》第四十二章曰：

> 道生一，一生二，二生三，三生万物，万物负阴而抱阳，冲气以为和。

进一步说明道生阴阳，阴阳再生万物。与《易经》"一阴一阳之谓道"，"太极生两仪，两仪生四象，四象生八卦"的理义相同。但《道德经》的"道生一"，无论是唯心的还是唯物的，都足以表明《道德经》在探讨宇宙本体问题上还是比较深入的。

《道德经》强调道化生万物是极为玄妙的，所谓"道者万物之奥"（第六十二章），并且有一定的纲纪，即所谓"道法自然"（第二十五章），也就是要遵循一定的自然规律。

《黄帝内经》充分发展了《道德经》"道"的唯物主义成分，遵循"道法自然"的原理，把"道"的唯物主义成分结合医学作了出色的应用。

《黄帝内经》由于撰书时代和《易经》及《道德经》较近，因此在学术思想上必然彼此渗透，互为影响。除受《易经》的影响外，和《道德经》的关系也较为密切。加以注《黄帝内经》的王冰是一道家，故在《黄帝内经》的撰注中引进了不少的道家思想，尤以自然之"道"及无欲之"德"为最突出。

在道方面，《素问·阴阳应象大论》最为显著。如曰："阴阳者，天地之道也，万物之纲纪，变化之父母，生杀之本始，神明之府也，治病必求于本。"认为阴阳运动变化是万物化生之母，并且认为道是一种自然规律，理应遵行，不能违背。故曰："道者，圣人行之，愚人佩（违背）之。"以及"从阴阳则生,逆之则死,从之则治,逆之则乱。"在《素问·生气通天论》说:"谨道如法,长有天命。"足见《黄帝内经》的"道"与《道德经》的"道"其理是一致的。

尤其《黄帝内经》运气七篇对"道"的应用更为精湛,如《素问·五运行大论》曰:"候之所始,道之所生,不可不通也。"把道作为万物运动的规律并充分认识到天道规律的深奥莫测。如《素问·六微旨大论》曰:"天之道也,如迎浮云,若视深渊,视深渊尚可测,迎浮云莫知其极。"

《内经》运气七篇把道作为宇宙运动的规律并将之与气化结合,用以阐述自然界气候与物候、病候三者之间的关系,突出天道气化对人体疾病的影响,奠定了以天道气化为主的中医气化学说。

《黄帝内经》把《道德经》的"德"作为天道的化用,以之解释自然界的气化原理,这是《黄帝内经》的再创造。如《素问·气交变大论》说:"德化者,气之祥。"自然界阴阳运动产生气化,有了气化,万物才能产生,故德化是万物化生的样兆。并以"德、化、政、令、灾、变"来概括天道气化的常和变,对《道德经》的道德观作了创造性的应用。以上所述《道德经》与《黄帝内经》的关系,足以说明中医学和哲学是息息相关的。

二、老庄道家与中医摄生

(一)老庄道家阴柔观对中医学的影响

道家崇《易经》坤阴坎水而形成的阴静柔顺观,对中医摄生产生了极为重要的影响。

《道德经》十章:"专气致柔","天门开阖,能为雌乎?""天下之至柔"(第四十三章)。指人的行动应以坤阴母柔为准则。

《道德经》第八章:"至虚极,守静焉",强调虚、静,是道家虚静观的养生的准则。《道德经》第二十八章曰:"守其雌。"倡导要守阴母柔顺的性能,并坚信柔弱能胜刚强的道理。《道德经》第三十六章曰:"柔弱胜刚强。"这是道家著名的"以弱克刚"、以弱胜强的特点,也是道学的优势。

其"弱者，道之用"（第四十章），"守弱曰强"（第五十二章），第七十八章："柔胜刚，弱胜强。"皆强调弱可向强转化的哲理。第六十一章："天下之交牝，常以静胜牡。"（牝，阴也，母也。牡，阳也，父也。）言牝阴必然能胜牡阳，突出坤阴母柔的道德。

坤阴的道性是静、柔、顺、厚，如《易传·坤·象》曰："坤厚载物。"《易传·坤·象》曰："履霜坚冰阴始凝也，驯致其道。"《易传·坤·文言》曰："坤道其顺乎，承天而时行。"驯，犹顺也，皆表明坤的特性为顺。承天，即顺应自然。

《易传·坤·文言》又曰："坤至柔，而动也刚，至静而德方"，"夫坤天下之至顺也"。《易·系辞》："坤其静。"《易·说卦》："坤，顺也。"《易·说卦》："坤以藏之。"皆突出了坤阴的柔、静、顺、藏的道性。

杨力启示

> 在道家阴柔观的影响下，中医摄生尤其注重阴柔和缓，并以静养元阴为旨，故多采用静功以养性。

（二）老庄道家自然无为对中医摄生的影响

老庄道家自然无欲观对《黄帝内经》的影响尤深，深刻地影响着中医的摄生学思想。主要反映在《素问·上古天真论篇》。其养生之道如曰：

> 恬淡虚无，真气从之，精神内守，病安从来。是以志闲而少欲，心安而不惧，形劳而不倦，气从以顺，各从其欲，皆得所愿。故美其食，任其服，乐其俗，高下不相慕，其民故曰朴。是以嗜欲不能劳其目，淫邪不能惑其心，愚智贤不肖，不惧于物，故合于道。

其中，"虚无"、"内守"、"少欲"、"朴"、"道"、"高下不才目慕"都是老庄道学的无欲观体现，王冰是一道学者，故王冰注本段采用的是老子的观点。其曰："《道德经》曰：'物壮则老，谓之不道，不道早亡。'

此之谓离道也"即是。又《上古天真论篇》所举上古养生典篇的真人、至人、圣人、贤人认为都是上古之人循"道"养生之典范。

老庄道学的清静虚无思想对中国养生有深刻的影响,其在气功、导引、房中方面都渗入了老庄道学的原理。

杨力启示

老庄道学在静养生方面是源远流长的,并且有独特的一面。

养生,采取虚静原理对人体确实是有利的,因为这种方法可以减轻消耗,增加贮备,延年益寿。但养生的宗旨不仅是单纯的保存体力、延长寿命,更重要的是振奋精神,提高劳动效率,并且提高单位时间内的工作效率,实际也等于延长了有限生命。因此,养生的原则应该是动静结合,以动为主,生命在于运动。并且动态养生比静态养生需要的时间短,静态养生需要的时间太长,动态养生一天仅半小时到一小时即可见效,而静态养生则静坐要求达数小时之久,从现代人的生活节奏来说,在时间效益上是不经济的。

三、道家崇坤阴与中医养阴观

道家崇《易经》坤阴对中医的养阴观理论有很大的影响。

《易经·坤》曰:"坤元亨利牝马之贞。"坤,大地。元,始也。牝,母也。即言大地为万物化生之母,阐述了坤元在道化万物中的作用。

《易传·象》曰:"至哉坤元,万物资生,乃顺承天,坤厚载物,德合无疆,品物咸亨。"《易·系辞》:"坤化成物。"《易·说卦》:"坤为地、为母。"进一步阐述了坤阴在万物造化中的元母意义。《道德经》第六章亦曰:"玄牝之门,是谓天地根。"(牝,阴也,母性。)言元阴是自然界万物造化之元母。

故《道德经》极为尊崇牝阴元母的天地互根作用,强调"守其雌"。

此外,《道德经》还尤推崇《易经》坎卦的性能,突出水的德性。如《易·说卦》曰:"坎为水……为目。"《易·坎·象》曰:"水流而不盈。"《易·坎·象》曰:"水洊至习坎,君子以常德行习教事。"即言水性缓和,贵在长流而不息。

上述说明《道德经》对《易经》坤阴柔顺的推崇,对中医养阴学说产生了重要的影响。

道家崇坤阴坎水对中医学养阴学派有很大影响,《黄帝内经》即十分重视阴的作用。如《素问·阴阳离合论》曰:"阳为之正,阴为之主。"强调阴为主持,阴为阳之根本。

肾为坎水,《黄帝内经》注重脏腑之阴,尤其注重肾阴,肾阴为五脏阴之根,视肾为水脏。如《素问·上古天真论》曰:"肾者主水,受五脏六腑之精而藏之。"《素问·阴阳应象大论》曰:"阴阳离决,精气乃绝。"即强调阴与阳在人体生命机能中同样占有重要地位。

元代大医家朱丹溪属著名的养阴学派,极为重视阴在人体中的重要意义。他提出的"阳有余阴不足论",其主要宗旨为阴易亏而液难成,相火是易耗伤阴液的元凶,故主张抑相火、保阴精。这些卓越思想与《易经》、《道德经》的坤阴理论是分不开的。在中医阴精理论和治疗实践中有重要的指导意义。

脾胃为坤土,为五脏阴之本。

清代叶天士则注重顾护胃阴,创造了一套独特的养胃阴方法,如甘凉濡润。

肝为震雷之脏,性刚劲,内寓相火,最易劫夺肝阴。故顾护肝阴是中医历来的重要护阴手段。

肺阴为水之高源,关系到下源的盈亏。而心阴则为离火中之至阴。正如郑钦安《医理真传》所言:"一点真水藏于两火之中。"而视为极珍贵之阴分。

此外，张仲景的"急下存阴"，温病学的"存得一分阴液，便有一分生机"（实际上全部《温病条辨》也就是一部护阴专著）。还有在阴精理论指导下的各种养阴、育阴、护阴的治疗大法及方药都充分体现了中医"贵阴"的原则。这些和《易经》、道家的崇阴重坎的影响是分不开的。

第二节 《道德经》的"德"与中医学

一、《道德经》"德"的含义

德，为《道德经》的核心之一，1973年长沙马王堆汉墓出土的帛书，《道德经》被分为《道经》及《德经》两部，并把《德经》列在《道经》之前，可以说明老子门徒对"德"的重视程度。

《道德经》的德和《易经》的德是一致的，并作了充分的发展。

德，在《道德经》里占有重要地位，从第三十八章之后，德的内容便逐渐增多。

德的含义究竟是什么？

（一）德指大自然神力的象征

细析《道德经》后可以看出，德指自然的秉力，主要为大自然赋予宇宙的力量。德，是一种自然力量，故称为德力。是不以人们意志为转移的大自然神力，相当于佛学中的自然业力。

德与道的关系是道为德之体，德为道之用。德即指大自然的神用，是一种自然能力，并非人格化的世外主宰。如《道德经》第三十八章曰："上德无为，而无以为；下德为之，而有以为。"即言德的体性是顺应自然的。

整部《道德经》体现的即是自然二字，而"道法自然"即道通过德表现大自然的威力，顺应大自然的规律即为上德，违背大自然的威力为下德。德的力量是巨大无比的，德能蓄养万物，正如《道德经》第五十一篇所曰："道生之，德蓄之"，德为大自然的神力，万物赖之以生存，故强调要"贵德","万物莫不尊道而贵德。"

《道德经》尤强调道德的关系为道主生,德主蓄养,共同为宇宙大自然本体的两个方面,二者皆为大自然的力量,如原文所曰:"道生之,德蓄之……夫莫之爵而常自然。"(第五十一章)

总之,德的含义主要为大自然的神力,这是《道德经》德的主要含义。

(二) 德为品德之用

《道德经》中德的另一含义指品德,《道德经》德的标准为"道发自然",也即无为而无不为。即能遵奉自然规律不妄为的则属于上德;反之凡违背自然规律而妄为之的则属下德,如原文所曰:"上德无为,而无以为;下德为之,而有以为"(第三十八章),对德的评价标准是对待自然规律的态度。

此外,《道德经》要求的德是无欲无为之德,如第六十八章强调"不争之德",总之顺乎自然便是德。但,《道德经》用于对待大自然的德是光辉的,而把顺乎自然为德用之于社会,放弃人改造社会的职责,则是消极的,应扬弃的。

杨力启示

《道德经》的德,无论于宇宙大自然的力量而言,还是从人的品德而论都是极其光辉的。德是《道德经》里的宝贵内核,但人们只注意研究《道德经》的道,而忽视了《道德经》的德,这是非常遗憾的。由于人们热衷于争论老子的道的唯心唯物属性,忽略了道与德的相互关系和作用,尤其忽略了"德"的探索,实际上不通"德",即无以通"道",更无以通《道德经》。因为全部《道德经》是以"自然"为核心的,而道与德则是大自然的体和用,故缺一不可。实际上"德"和"道"是同等重要的,德与道互相为用,不可分割,共同组成了《道德经》的主要思想体系。

二、《易经》"德"的含义

《易经》非常重视"德",无论《易经》还是《易传》都把"德"放到了极高的位置。《易经》认为德即德力。是一种神力,是大自然之神用,如《易·系辞》曰:"以通神明之德。"《易经》还强调"道神德行"(《易·系辞》)。所谓德行,即明确指出"德"为"道"之用,对于"德"的神用,《易经》认为"德"是宇宙天地大自然神伟的生机。如曰:"天地之大德曰生。"这是光辉的天神论思想,认为宇宙万物是大自然产生的,并非神灵所创。

《易经》认为的"德"是天地自然的力量,是非人格化的,并且没有赋予任何神灵的意志,以人而言也是阴阳合德而产生的("阴阳合德,刚柔有体")。两千多年前即有这样的观点,无疑是唯物的、先进的。

总之,《易经》"德"的含义主要是指"神明之德",即指大自然的力量,是促使宇宙万物产生及存在的自然能力(非神灵的力量)。

但《易经》的德是突出其刚健的一面,如《易·大有·象》曰:"其德刚健",体现于人的品德方面,《易经》的德也是强调刚健一面的。

而《道德经》的"德"则突出《易经》柔顺的一面。

杨力启示

《道德经》继承了《易经》的德,又作了充分的发展,《道德经》的"德"和《易经》的"德"是一致的,皆为大自然的神力,赋有长养万事万物的作用。但《易经》的"德"主要体现大自然乾元离火阳刚生发的神力,而《道德经》的"德"则着重于表达大自然坤阴坎水温柔涵蓄的活力。在人的品德方面,《易经》的"德"同样注重人的刚健向上的品质,而《道德经》则贵在人的柔顺厚道禀赋,《道德经》充分发展了"德"的另一方面。

三、《黄帝内经》的"德"

《黄帝内经》借鉴了《易经》及《道德经》,并通过德的论述充分体现了人与大自然的密切关系。《黄帝内经》极为重视天地秉德对人的影响,对德的作用作了精辟的论述。

《黄帝内经》把德的作用称为"德气"和"德化"。德在人体的自然神力称为德气,所谓"天之在我者德也,地之在我者气也,德流气薄而生者也"。其作用为产生人的精、神、魂、魄的自然神力,如《灵枢·本神》说到"德气生精、神、魂、魄、心、意、志、思、虑、智",言即人体的一切生理功能皆为自然德力的作用。

德在自然界的神力,《黄帝内经》称之为"德化"。是大自然赋予大地的益处,故《黄帝内经》称之为吉祥,如《素问·气交变大论》篇曰:"德化者,气之祥","德者福之"(《素问·六元正纪大论》)。

自然界的德化是一种莫测的力量,包括促使万物生化收藏的自然赋力。此外,《黄帝内经》还认为德化还有一定的纲纪制约,包括气候之间的自调机制,如运气七篇把自然界六气(风、寒、湿、热、燥、火)之间的调节机制称之为德化之常。

如《素问·六元正纪大论》曰:"厥阴所至为风生,终为肃(金克木),少阴所至为热生,终为寒(水克火);太阴所至为湿生,终为注雨(土克水);少阳所至为火生,终为蒸溽(水克火);阳明所至为燥生,终为凉;太阳所至为寒生,终为温(寒胜热),德化之常也。"

《素问·六元正纪大论》曰:"德北政令灾变。"即言要有一定的德化政令才不至于灾变告害。

此外,在人的品德方面,《黄帝内经》的德,则是要求治病养生皆应顺应自然,不违背大自然的规律,即"淳德全道",就是说要"和于阴阳调于四时"(《素问·上古天真论篇》:"有圣人者,淳德全道,和于阴阳,调于四时"),只有这样才能"德全不危"。正如庄子所说:"德全形全,形全者，圣人之道也。"足见《黄帝内经》对人的品德的要求是以能否顺应自然规律为标准的。

> **杨力启示**
>
> 　　上述说明，《黄帝内经》在《易经》及《道德经》的基础上将"德"充分地应用于医学上，并作了发展，对充实中医的基础理论起到了一定的作用。

第九章 道家《道藏》的摄生长寿智慧

《道藏》是道教的经典巨著,也是中国传统文化的瑰宝,成书于唐朝,后被焚。后经明正统十年重辑,为今之《正统道藏》,全书含1476部历代道家文献。《正统道藏》内容极为壮观,其中除收载道教经书之外,还有大量的先秦诸子百家文集及中医学书籍。《道藏》巨著,不仅是研究道教的经典,也是中国传统文化的宝藏。该书不仅为研究宗教、哲学、历史、文化的宝贵资料,而且其中蕴藏的养生、气功、房中术等与中医学的关系很大,尤其道家独特的养生经验在摄生学中颇有启迪意义,是研究中医养生学的重要参考文献。

第一节 《道藏》中的气功奥秘及功法

一、食气功之秘

食天地日月之精气以养生,是中国气功的重要内容之一,也是中国气功中的精华。道家非常注意食气摄生,食气一法最早载于《山海经》:"有无继民,无继民任姓,无骨子,食气、鱼。"(《大荒北经》)

道家气功有许多关于食气摄生的记载。如《养性延命录》载曰:"食元气者,地不能埋,天不能杀。"(《神农经》)"食气者,神明而寿。"(《孔子家经》)以后由"食气"发展为"辟谷",即不食谷物但食天地日月精气的一种气功。

食日月精法：取日初出时，日中时，日入时，正立向日辰，两手闭气九遍，仰天禽日光而咽之九度，益精气令人强壮不老。又以月初出时、月正中时、月入时正立向月展两手闭气九遍，仰天禽月光咽之令人阴气盛妇人有子。(《道藏·众术类·摄生纂锋》)

二、吞津功之秘

津液为人体生命活动的重要物质基础，是人体阴液的精华，口中唾液尤为精华中之精华。乃金浆玉液，被视为人体甘露玉泉，因脾开窍于口，肾脾经脉皆上注于舌，唾液为先后二天之真津，降咽之有滋五脏，润百脉之奇效，故历代各派气功家皆极为重视。

吞津咽液是气功中的一个重要组成部分，在《黄帝内经》中即有记载，如《素问·刺法论》曰："所有自来肾有久病者，可以寅时面向南，净神不乱，思闭不息七遍，以引颈咽气顺之，如咽甚硬物，如此七遍后，饵舌下津令无数。"

再如《养性延命录》载曰："食玉容者，令人延年，除百病。玉容者，口中唾也。鸡鸣、平旦、日中、日哺、黄昏、夜半时、一日一夕。凡七濑玉家食之，每食辄满口咽之，延年。"(《杂诫忌禳害祈善篇第三》)《三元延寿参赞书》亦曰："真人曰：常习不唾地。盖口中津液，是金浆玉液，能终日不唾，常含而咽之，令人精气常留，面目有光。"

三、吐纳功与胎息功之秘

吐纳，指吐故纳新。是气功的重要组成部分，气功强调均匀沉缓的呼吸，道家气功主张闭气纳息，远古养生家彭祖即主张闭气纳息，即"从平旦至日中，乃跪坐拭目，摩擦身体，舐唇咽唾，服气数十，乃起行言笑"。闭气纳息的最高境界为胎息功。

所谓胎息功是内闭纳息的最高境界，即关闭口鼻打开全身皮肤毛孔的呼吸方法，胎息功最早记载于《山海经》，谓烛龙者，不食、不寝、不息，而能长生。（"有神，人面蛇身而赤，身长千里，直目正乘，其瞑乃晦，其视乃明，不食、不寝、不息，风雨是谒，是烛九阴，是谓烛龙。"《大荒北经》）

胎息功的方法，在葛洪的《抱朴子》中早有论述，其曰："得胎息者，能不以口鼻嘘吸，如在胞胎之中，则道成矣。初学行气鼻中，引气而闭之，阴一心数至一百二十，乃以口微吐之，吐之及引之皆不欲已耳闻其气出入之声，常令人多出入，以鸿毛著鼻口之上，吐气而鸿毛不动为候也。渐习转增其心数，久久可以至千，至千则老者更少，日还一日矣。"它指出，练胎息功的原则为：最初吸气后以意念加闭气，让气在人体内充分吸收，再缓缓而出，以后在闭气过程中，逐渐达到打开皮肤孔窍，关闭口鼻的目的。

《道藏·洞真部》所载《胎息经》是对道家胎息功的精辟概括，全文如下：

> 胎中伏气中结，气从有胎中息。气入身来为之主，神去离形为之死。知神气可以长生，固守虚无，以养神气，神行即气行，神往即气往，若欲长生，神气相往。心动不念，无来无去，不出不入，自然常住，勤而行之，是真道路。

《道藏》里还有不少有关胎息功的文献记载，如：

> 人能依此去万病，通上清神仙，凡服气法，存心如婴儿在胎十月成就，筋骨和柔以冥心息，念和气自至呼吸，如法咽之不饥，百毛孔开入息不拥滞，常取六阳时食生气，气力日增。（《道藏·方法类·太清导引养生经》）

> 夫养气者，澄神炼气，则百节开张，筋脉通畅，津液流注也。乘此便咽闭十气或二十气，亦得每一咽，皆须兀然任气不得与意相争，

良久则气从百毛孔出不复更口吐也。(《道藏延陵先生集·新旧服气经》)

修真服气之诀，每日常修，摄心绝想闭气握固。鼻引口吐无令耳闻唯是细微满即闭，闭使足心汗出一至二数至百以上闭极微吐之，引少气还闭热即呵之，冷即吹之，能至千数即不需粮食也不须药。(《道藏·庄周气诀篇》)

胎食胎息法：常须闭其心，去其思，微其息，息以鼻，无以口，使气常有储，名之曰胎息，漱其舌下泉咽之，数十息之间一相继，名之曰胎食为二者不息可以不饥可以不病。(《道藏·众术类，摄生纂录》)

胎息功实际上是指闭气加意守的功法，目的在于打开更多的通道，胎息功的最高境界绝不是消极静闭，而是在闭气过程中进行积极的意念活动，使意念带动气化，"气从有胎中息""神行即气行""神气相往"以调动人体的潜能，进行积极的内呼吸为目的。胎息功可以充分促进人体的同化作用和异化作用，充分吸收清气，以补充内体不足，并去除多余浊物以掌握其中诀窍，对强体是很有益的。

胎息功最终能训练人体在低氧状态下的应急能力，起到降低代谢水平，减少消耗，延长生命的作用。

第二节　《道藏》有关房中术的奥秘

《道藏》房中术，主要记载于《养性延命录》。首先强调房事对人体健康的影响，如"房中之事，能生人，能杀人。辟如水火，知用者，可以养生，不能用之者，立可死矣。"故引彭祖的话告诫曰："上士别床，中士异被，服药千裹，不如独卧。"

其养生要旨在于"数交而时一泄"，即合而不泄，认为可以"精气随长，不能使人虚损"。并主张做房中功，如引《仙经》说："男女俱仙之道，深内入勿动精，思脐中赤气，大如鸡子，乃徐徐出入，精动便退，一旦一夕可数十为之，令人益寿。"所言"勿动精""徐徐出入""精动便退"即强调交合保精对延年益寿的重要意义。

《道藏》还记载养生家提出的"还精补脑"的意义及方法，如《养性延命录》记载曰："还精补脑，可得不老矣。"《子都经》曰："施泻之法，须当弱入强出（何谓弱入强出，纳玉茎于琴弦麦齿之间，及洪大，便出之，弱纳之，是谓弱入强出。消息之，令满八十动，则阳数备，即为妙也）。弱入强出，知生之术，强入弱出，良命乃卒，此之谓也。"即强调"弱入强出"动而不泄为还精补脑的关键。

还精补脑是房中术的主要原则，是指交合中少泄或不泄，让精还返补脑（实际为不伤脑）的方法，"弱入强出"为"尚未坚即入，尚坚则出"的原则，实际上是强调"百动而不一泄"方能益体。

房中术本来是我国传统文化中的宝贵遗产，在《汉书·艺文志·方技略》曾被列为医经、医方、神仙（养生）四大医术之一，惜屡遭异端而驱除于正统书之外。其说几经佚失、湮没，只有少量散存于日本《医心方》及我国《道藏》、《千金方》中。1973年长沙马王堆汉墓出土的简书《养生方》、《合阴阳方》、《天下至道谈》为房中术专论篇章，是发掘和研究房中术的重要文献。

其中，在还精补脑方面，同样强调动而不泄，如：

《合阴阳方》："十动，始十次、二十、三十、四十、五十、六十、七十、八十、九十，百出入而毋决。一动毋决，耳目聪明；再而音声（章）；三而皮革光；四而背胁强，五而尻脾（髀）方；六而水道行；七而坚以强；八而奏（腠）理光；九而通神明；十而为身常。此胃（谓）十动。"

《养生方》则具体提出十动而不泄的益处。如曰："幢（动）以玉闭，可以壹迁，壹幢耳目聪明，再幢声音章，三幢皮革光，四幢背骨强，五幢尻脾方，六幢水道行，七幢致坚以强，八幢志骄以阳，九幢顺彼天盖，十

嶂产神明。"

唐代医家孙思邈也说:"人年二十者,四日一泄;年三十者,八日一泄;年四十者,十六日一泄;年五十者,二十一日一泄;年六十者,即闭毕精,勿复更池也,若体力犹壮者一日一泄。凡人气力自相有强盛过人者,亦不可抑忍,久而不泄致痈阻。若年过六十而数旬不得交接,意中平平者,可闭精勿泄也。"(《千金方》二十七卷)

如何才能做到动而不泄,具体方法正如《医心方》引载《玉房指要》所说:

> 还精补脑之道,交接。精大动欲出者,急以左手中央二指却抑阴囊、后大孔前,性事抑之,长吐气,并喙齿数十过,勿闭气也,便施其精,精亦不得出,但从玉茎复回,上入于脑也……若欲大动者,疾仰头张目左右上下视,缩下部闭气,精自止。能一月再施,一岁二十四施精,皆得一、二百岁,有颜色,无病疹。

《玉房指要》提出了指压及吐气、叩齿的止泄法,可供参考。

《医心方·二十八卷》还提出"九浅一深"的呼吸抑泄法。如曰:"夫阴阳之道,精液为珍,即能爱之,性命可保……九者内息九也;厌一者,以左手杀阳下还精复液也;取气者,九浅一深也,以口当敌口气呼以口吸,微引二无咽之,致气以意下也,至腹所以助阴为阴部。如此三反复浅之,九浅一深,九九八十一阳数满矣。玉茎竖出之,弱内之,此为弱入强出。阴阳之和在于琴弦麦齿之间,阳困昆石之下,阴困麦齿之间,浅则得气,一远则气散。"

《养生方》所指"暴进暴退,良气不节"以及《天下至道谈》所言"必徐以久,必微以持"都是指做到"徐缓"才能"动而不泄"。以上为《道藏》所载养生书及后世有关房中还精补脑房中术的论述。

综上所述,《正统道藏》所载的养生诸书中有丰富的摄生理论及方法,是研究养生、气功的重要参考文献。

第十章 老子道家内丹奥秘及养生启示

道家内丹修炼术是总结了外丹修炼的教训并汲取了外丹的经验后发展起来的内炼养生术。由于充分引进了易理，纳入黄老之学，又接受了中医经络理论，从而使内丹修炼成为具有完整的理论体系及积累了丰富修炼经验的养生奇葩。道家内丹修炼是中国传统养生术中的瑰宝，是非常值得发掘的，如能得其真旨，对健康延年确有助益。

第一节 老子道家内丹修炼玄机

根据古代文献记载，得真法者都相当长寿，道家内丹修炼的名师都是高寿的，如相传彭祖活了800岁，因此这一宝藏绝不能湮没，应该受到应有的重视。目前，气功界已开始从道家内丹修炼中汲取长处，道家内炼不是气功，是宗教特有的修持方式，但对气功是有启迪意义的。

由于道家内炼理论比较深奥，术语也很独特，修炼方法又较难掌握，因此，有必要将其基本原理、主要术语及其修持方法作一详述。

一、道丹性命双修

性命双修为道丹内炼的最高功夫，性命双修为炼丹诸法的上乘。性命是什么？

性指心性，是人的心理思维，即性为心之体，心为性之用。命为生命，乃人之生理功能。即性是神之母，乃先天至神；命是气之祖，谓先天至精。如著名性命专著《性命圭旨》说："性者，神之始，神本于性；命者，气之始，气本于命。"

道家内丹法分为三品。上品丹法，以天地乾坤为鼎，太极为炉，日月为水火，以性命为铅汞。如李道纯说：

> 最上一乘，以太虚为鼎，太极为炉，清净为丹基，无为为丹田，性命为铅汞，定慧为水火。(《中和集·试金石》)

中品丹法以神为铅汞，以子午为水火，以修精气为目的。下品丹法，以精血为铅汞，以心肾为水火，以修五脏为目的。

性命双修是道家内丹总的原则，但其中又因修性命的择重而有南宗（以修命为主）及北宗（以修性为主）之分，尽管有所择重，但性命双修却是南北宗共同的内炼宗旨。

性命双修，所谓性，广义而言指德性，包括天之秉德及人之德性，即大自然的能力。狭义而言，指人的秉德。道家注重修性，绝不是单纯地延命益寿，而是有着宗教信仰的成分在内，即成为仙人、升天，是道家修性的最高宗旨。

道家的修性指思想意识的修炼，道家性修炼的最高境界是返还为太虚浑沌未开时的无邪无妄境界，道家认为那个时候是德全智圆的时候。正如《道德经》所说的"复归于朴"、"复归于婴儿"，也正如《性命圭旨》所说：

> 夫学之大，莫大于性命，性命之说，……何谓之性，元始真如，一灵炯炯是也。何谓之命，苍天至精，一炁氤氲是也。

道家的命指人体的生命功能，因属于先天所赋，故又谓之天命。修命即指修人的精气神，包括炼精化炁、炼炁化神及炼神还虚三个阶段，达到还虚阶段即是成仙升天的阶段。因此，性与命是道家内炼的一个过程的两个组成部分,二者是互为关联的。修性是修命的前提,修命是修性的基础,无性而命不立,无命而性无存。正如《中和集》所说:性无命不立,命无性不存。也如《性命圭旨》所说:

> 有性便有命,有命便有性,性命原不可分,但以其在天则谓之命,在人则谓之性,性命实非有两,况性无命不立,命无性无存。

由于性命相互依存,故道家内丹的原则是性命双修,但也应因人而有所偏择。命蒂在丹田小腹,为元精元炁之海,凡体质较差、精气不足者应择重修命。性根在上丹田泥丸宫,为神之根,如直修心性的则应择重于头部。故道丹有以邱处机为代表的先性后命北宗派别,以及以张伯端为首的先命后性的南宗派别,尽管两派有所偏重,却都是性命兼修的。

杨力启示

高功夫的修丹家,命功择时修炼,性功则是时刻都不离的。

二、道家内丹返还原理

道家非常注重先后天的关系,认为先后天是密切联系的,认为先天为后天之体,后天为先天之用,这是道家返还修炼的理论基础。因此强调先后天双修,目的是后天返还先天,包括水火阴阳的返还、生殖精的返还、脏气的返还以及精气神的返还,主要通过八卦、河图洛书以及中医的经络、五脏进行阐述。

道家内丹返还含义很广,是道家的重要理论。正如明代张三丰所说:"顺为凡,逆为仙",这和《道德经》的"归根复命"观点有很大关系。

道家返还理论总的观点为"返朴还真"、"返朴归婴"。如《金丹正宗》曰:"夫修炼内丹之法,依法锻炼及其成功,可以回生起死,返老还婴。"(胡混成编,载《正统道藏》40册,32230页)归纳之,主要包括如下几个内容：

1. 返还先天理论主要包括两个内容

后天八卦返还先天八卦：即指后天八卦、坎离二卦返先天八卦乾坤二卦，人出生后，坎离水火交济，乾中一阳爻陷于坤宫而成坎卦，坎中一阴爻上济乾宫而为离卦，如是乾坤失去圆满而成为坎离。如图。

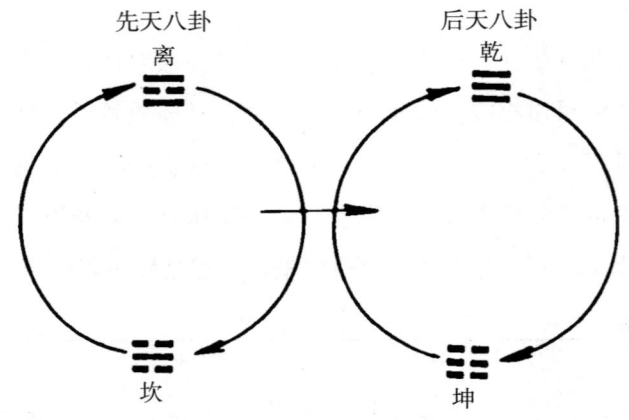

图91　补坎填离图

返还先天八卦的途径是补坎填离法，即将坎中阳爻上填于离中，使离中虚还原为乾三满，把离中阴爻下交于坎，使坎卦复归于坤卦。其结果为离卦及坎卦的两中爻互换、从而使离（☲）乾（☰），坎（☵）坤（☷），这样坎离未交前的坤鼎乾炉则换为乾鼎坤炉。

取坎填离，即是把坎中先天的阳炁通过任督小周天藏于下丹田，复经中丹田还归于上丹田（泥丸宫），这个过程属于炼精化炁、炼炁化神和炼神还虚的过程，此即后天八卦返还先天八卦。

正如《性命圭旨》所说："引坎内黄男配离中玄女，夫妻一媾，即变纯乾，谓之取坎填离，复我先天本体。"张伯端《悟真篇》也说："取将坎位中心实，点化离宫腹里阴，从此变成乾卦体，潜藏飞跃总由心。"

后天洛书返还先天河图理论：

人体的五脏皆分别与河图洛书的数字相应。其中，肾水为一，为北方，肝木为三位东方，心火为二位南方，肺金为四位西方，成数为生数加土数五，即肾的成数为六，肝的成数为八，心为七，肺为九，脾为十。

洛书返还先天河图即指金数九返还为七数，火数七复归于九，又称"七返九还"，五气归元。如张伯端《金丹四百字》曰："七乃火数，九乃金数，以火炼金，返本还源谓之金丹也。"

2. 精返还理论

道家内丹修炼极为重视精的返还，并且视为填精补脑及任督周天功的主要内容。精的返还，主要指生殖精的返还。道家强调在炼丹过程中，如出现动忎，知是精动，则用武火（较强的呼吸节奏以呼为主）将其送过尾闾关，然后沿督脉上升过玉枕关入上丹田，再经任脉下入中丹田封藏于下丹田藏之，道家把这个过程称为"采药"，采集到一定程度则结丹完成内丹的修炼。

3. 精气神返还

精的返还如前所述，指欲动之精，经过小周天返还为元精，藏归于下丹田内。气的返还，指后天之气返还为先天之"炁"，先天之气为元炁，同样经过周天功把五脏之气转换为元炁，归藏还于脐下丹田内。神的返还，属于还虚，即返还为太虚元神，亦即《道德经》"复归于朴"之意。

《道德经》"致虚极，守静笃"（十六章）、"有生于无"（四十章）是道家还虚的理论基础，就是在修炼过程中把五神（神、魂、魄、意、志）复归于元神藏于上丹田（泥丸）。

三、修炼精气神理论

道家的精气神修炼理论是综合了哲学、中医学及宗教信仰而建立的一套独特的修炼理论体系。修炼精气神的目的在于把后天精气神返还为元精、元神、元炁。即炼功到一定的程度时，游离的元精、元炁及元神始可闪现，收归封藏起来，然后加以封固，并分别封藏于三丹田内。如《性命圭旨》所言：

> 元精者，炼元精，抽坎中之元阳也，元精固则交感之精自不洩漏。炼气者，炼元气，补离中之元阴也，元气住则呼吸之气自不出入。炼神者，炼元神，坎离合体而复乾元，元神凝则思虑之神自然泰定，内外兼修成仙必矣。（内外二药说）

精气神乃人身三宝，是不可分割的统一体，《易经》早已指出此三者是互相依存的。如曰：

> 精气为物，游魂为变。（《易·系辞》）

精气神是三合一体的，精气为体，神为之用，其中，神又为主宰。《易经》还强调"洗心"，如曰："圣人以此先心（洗心），退藏于密。"洗心即涤念静虑之意，是修炼精气神最重要之处，和道家的"炼己"是一致的。

杨力启示

> 炼精气神分为炼精化炁、炼炁化神以及炼神还虚三个阶段。炼精化气约需百日，故又称百日关。炼炁化神至少要历十月，故又称十月关。炼神还虚则需要九年功夫故称九年关，最终目的为结丹成仙。

第二节　道家内丹功法

道家内丹功法是道家静功中的精华，是道家修炼的最高功法。

它的目的不仅是摄身，主要还在于具有宗教特点的修持，属于道学的仙术。道教修持主要有两个内容：一为内丹修炼的仙术，一为道篆咒符的神术，即丹鼎派及符篆派。道教修炼的目的是要达到"仙人"的境界，和佛家的"成佛"、儒教的达到"仁人"是一样的境界。

内丹修炼是相对外丹而言的，指通过内丹筑基、炼精化炁等过程达到结丹成仙的修炼方法。内丹修炼是丹鼎派的精髓。内丹修炼的理论指导是丹经之祖《周易参同契》。

正当外丹成仙术屡遭失败，不断发生服丹中毒，致道教丹术威信下降的时候，东汉魏伯阳把易理引进内丹术中，并结合《道德经》的思想建立了一套完整的内丹理论，挽救了内丹术的衰落，促进了内丹派的发展。从此，内丹修炼进入了一个新的天地。

魏伯阳的《周易参同契》为划时代的丹经巨著，其易理在摄生修炼中的精湛应用，使之成为"万古丹经之祖"。从此以易理为指导，以八卦、太极图、河图洛书为框架的道家内丹修炼书籍相继推出，尤其宋代陈抟的《无极图》把易理的先后天八卦理论及太极理论在内丹修炼中的应用作了发展，完备了内丹修炼的返还理论，成为道家最上乘（品）的修持——性命双修理论，并成为继《周易参同契》之后的又一部道家内丹修炼巨著。

《周易参同契》及《无极图》对道家内丹术产生了深刻的影响，使内丹术的理论不断提高。随着内丹理论的升华，内丹的修炼方法不断改进，并逐渐成为影响深远的中国摄生宝藏，为中华民族的健康做出了贡献。同时由于内丹修炼术的流传，对道教的发展客观上起到了重大的推动作用。

杨力启示

道家内丹修炼是以《易经》作理论指导的。道家内丹之祖——《周易参同契》，明确表明道家的炼丹术是以"太易"、"黄老"及"炉火"为理论基础的，《参同契·五相类》曰："三道由一，具出径路"。所谓"参同契"即指上述三者契合。《参同契》杰出地把易理融贯于炼丹术中，赋予了内丹修炼的生命力，使道教内丹术由外丹术升华为高境界的内功修炼，成为道学中的瑰宝。至今在养生修炼中仍具有重要的价值。

第三节 《周易参同契》与内丹修炼

《周易参同契》是万丹之祖,既是炼外丹(金丹)的经典,也是炼内丹修仙的著作,尤其是炼丹的理论专著。

该书运用《易经》八卦理论,把易理与黄老融为一炉,是一部总结历代内外丹理论的集大成之作,是道教丹鼎派的重要著作。其最为成功的是把易理引入内、外炼丹术中,使炼丹术理论得到了升华,尤其在炼内丹方面更为精辟,在内养健身方面有着重要的价值。

《周易参同契》认为人身犹如一个小鼎炉,阴阳万变不离其中,并以《易经》乾坤喻炉鼎,以乾为上釜,坤为下釜,和天在上、地在下一致,和炼丹的鼎器是炉在上、鼎在下相同,亦即《参同契》的"阴在上,阳下奔"。

《周易参同契》认为坎离为"药物",因为坎为水、离为火。药物的变化实际上也就是水火阴阳的变化,如铅与汞,各为阴阳水火之精一样。《参同契》外、内丹的炼术相通应,正如坎离与铅汞相类,无非精之与气,水之与火而已,即指水火、阴阳精气的升降变化。

杨力启示

《周易参同契》的火候是以《易经》八卦纳甲纳支及与日、月相应为原则的,原理在于阴阳消息。即阳息(长)阴消时"进阳火"。阳消阴息(长)时"退阴符",目的在于使人体精气的消长与日、月运转造成的阴阳消长周期同步,从而使内外环境相一致,这是人体修炼的重要原则。无论以日还是月为参照系,其火候的掌握都有着严格的周期性,这也是《周易参同契》的精髓。

如以六十四卦和日、月相应,则以其中具有阶段代表性的十二个卦,即：复、临、泰、大壮、夬、乾、姤、遁、否、观、剥、坤组成著名的十二消息卦（十二辟卦），可以代表年、月、日的阴阳消息周期，从而掌握火候。如前六卦（自11月复卦起至次年乾卦）为阳长阴消时期，后六卦（自姤卦5月起至坤卦10月）为阴长阳消阶段；阳长阶段宜"进阳火"（呼吸以吸为主，呼吸强度及频率皆增加），精气为由督脉上升时期，阴长阶段宜"退阴符"（呼吸以呼为主，呼吸强度及频率皆减弱），精气为由任脉下降时期。

如以日为参照系则一日之内的子时至午时刻，一年之内的春夏季节宜"进阳火"，而午至子时，以及秋冬季节则宜"退阴符"。如以月为参照系则以八卦分别纳甲。即：乾、坤分别为满月及晦月，各为阴阳极点，艮卦及兑卦分别为上、下弦，为阴阳中点，巽卦及震卦分别为月生晦及月渐生明等八个月相，其中，由晦至望为阳息阴消当"进阳火"。从望至晦又为阴息阳消应"退阴符"。

杨力启示

《周易参同契》引用《易经》八卦及六十四卦的阴阳消长理论，结合日、月的运行周期，以之作为内、外炼丹进退、阴阳火候的标志，指出人体不是一个孤立的个体，而是内外环境相关的整体，炼丹摄身只有和外环境相融一，才能达到养性延命的高层次水平。这就是《周易参同契》的主要价值。

第四节　葛洪《抱朴子》内篇金丹术

葛洪的养生成就主要为三：一为提出胎息功，二重视房中功，三尤其倡奉炼丹术。

葛洪《抱朴子》内篇十卷，以《金丹》及《黄白》为炼丹专著，其主要贡献在于突出了炼丹的具体方法，补充了《参同契》的不足，同时客观上为我国早期化学实验开了先河。葛洪重视炼丹的原因是鄙视草木之药，如他说："草木之药，埋之即腐，煮之即烂，烧之即焦，不能自生，何能生人乎？"（《抱朴子·金丹》）"夫金丹之为物，烧之愈久，变化愈妙"，"黄金入火，百炼不消，埋之，毕天不朽……此盖假求于外物以自坚固，有如脂之养火而不可灭"，认为服金丹后可以延年益寿，甚至返老还童。

如："凡草木烧之即烬，而丹砂烧之成水银，积变又还成丹砂……故能令人长生，神仙独见此理矣。"于是精心于炼丹石，并在炼丹过程中发现了矿物化学反应中的升华现象，观察了丹砂与水银的氧化还原反应，客观上为我国化学、制药学、冶金学积累了经验。如此，葛洪的《抱朴子内篇》成为中国炼丹术的集大成之作，故可称之为外丹法的经典。

> **杨力启示**
>
> 综上所述，道家内丹修炼的经典——《周易参同契》是源于易理的。内丹修炼这一法宝在养生修炼中有重要价值，完全可以应用于养性延命。

第五节 老子道家内丹修炼功法秘诀

道家内丹修炼原是道教修炼成仙的方法，非与气功等同，但完全可以借鉴于摄生养性。内丹修炼虽然复杂，但其宗旨则在于不受意念控制，而是在无欲、无念、无己的状态下进行，这也是和气功的根本区别。

一、安炉置鼎要诀

炉鼎就是炼丹的锅和灶。丹家以自己的身体做鼎炉，以乾坤二卦作为炉鼎的方位，正如丹书所说："安炉立灶法乾坤。"

道家内丹修炼把宇宙天地比做一个大熔炉，把自己喻为一个炼丹的小鼎炉。故内丹术又称为丹鼎术，小鼎炉和大鼎炉之间又互相通应。精气神作为药物，经过修炼后，把游离的精气神转化为元精、元炁、元神归藏于丹田内，结成金丹，从而为成仙奠定物质基础。

内丹家是以丹田作为鼎炉的，上丹田为鼎，下丹田为炉，待修至丹结胎成时，则炉鼎互换为上丹田为炉，下丹田为鼎。乃离还乾，坎还坤，即后天还原先天的标志。道丹的鼎炉还依大小周天转化而发生移位，如小周天时鼎炉在腹部丹田，大周天时在胸部丹田，还虚阶段则上移至头部丹田。

具体为把乾坤喻作内炼的鼎炉，以坎离水火（精气神）为药物，六十四卦为火候法度，使精气神凝于丹田，结为金丹。如《周易参同契》说：

乾坤者，易之门户，众卦之父母。坎离匡廓，运毂正轴，牝牡四卦，以为橐籥易谓坎离，坎离者乾坤二用……周流行六虚……升降于中，包囊万物，为道纪纲。

即言乾坤为炼丹鼎炉，坎离为药物升降于其间，震、兑、巽、艮则作为火候掌握的法度。如《性命圭旨》说：

凡修金液大丹必先安炉立鼎……乾位为鼎，坤位为炉，炉内阳升阴降无差……火候调停，炼成至宝，故青霞子曰："鼎非金鼎，炉非玉炉，火从脐下发，水向顶中符……此谓之大鼎炉也。"

此外，人身鼎炉之内，还有小鼎炉，《性命圭旨》以黄庭为鼎，气穴为炉，因为黄庭位处气穴和经络相连，乃人身百脉交会之处，说明炼内丹的根本是炼气流，指在鼎炉内炼周天功，曰炁流。

二、筑基炼己要诀

筑，建筑。基，基础。筑基即炼己，指内丹功前的准备，主要为宁心虑念,如《道德经》"守静",《庄子》的"坐忘",《太平经》的"守一"。

炼己,即《易经》所指的"洗心"。之所以叫炼己,是因为"己"和八卦纳甲中的离卦相配属,离卦和人身的心相对应,故"炼己"这一道家炼丹术语,即修心之谓。

炼己的关键在于"还虚",所谓还虚就是进入"太虚"浑沌未破的境界,如易理的太极,《道德经》的无欲真朴状态。

筑基需要有一段酝酿阶段,故又称为百日筑基。可以辅以内视反照、忘情内观、守一心斋、存思冥想或数息调停……如《黄庭经》曰:

虚无寂寂空中素,使形如是不当污;
九室正座神明舍,存思百念视节度。(《常念章》)

也如《悟真篇》所言:

心心心猿方寸机,三千功夫与天齐,
自然有鼎烹龙虎,何必担家虑子妻。

皆指出了炼己定神在内丹修炼中的重要意义。

三、生药采药要诀

内丹的"药"为鼎内修炼的原料,指元精、元神、元炁,即因妄念或暗动而离开丹田,游离于体内其他地方的真阴真阳,又称先天精、炁、神。只有炼功到一定的程度时,才能发现游离的元精、元炁、元神。将其收归丹田封藏则称"采药"。如《规中指南》说:"采药者,采身中之药物也。身中之药者,神炁精也。"

"药"虽分内外,实际皆从内生,所谓外药是指炼丹后把逸散于丹田之外的"药"复归于内。内药则指藏于丹田内的先天精炁神。如《性命圭旨》说:"以外药言之,交感之精先要不泻,思虑之神贵在安静。以内药言之,炼精者炼元精,按坎中之元阳也,元精固则交感之精自不泄漏。"

小药指小周天采集的"药",大药指炼精化炁后所产生的药。"药"积累至一定程度即成金丹,乃成仙的物质基础。

又如《金丹正宗》所说:"聚药物谓存一点先天纯阳祖炁,是炁生于无形无象之先,聚于无极太极之内,父母未生,二五之精妙合而凝,无有此身即有此气,既有此炁即有此身,此炁运行周流六虚,形以之而成,心以之而灵,耳目以之而聪明,元神以之而运行,五行以之而化生,散之则混融无间,聚之则凝结成药,此即修炼金丹之大药。"(载《正统道藏》40册)

生药景象:

炼功到一定的程度时,忽觉脐下丹田内涌出一股暖流,顿觉周身舒乐融融,即为药将生出之景象,丹家谓之"一阳生"。如《性命圭旨》曰:"俄顷祥生,毫窍肢体如绵、心觉恍惚,而阳物勃然举也。"又如柳华阳曰:

功到时,此物当产生之时,不知不觉,忽然丹田融融洽洽,周身苏绵快乐,祥生毫窍,身心无主,丹田暖融,渐渐而开,阳物勃然而举。(《慧命经》)

著名气功家马济人先生的体验是"醉",如他说:"这个醉当然不是醉倒,乃是六七分微醉之意。当此之时,下丹田温暖感,内气自下丹田至毛际上下往返,而身中和畅,如痴如醉,肌肤爽透,非常舒服,甚至感到外肾欲举。"

采药方法:

原则是防止药(元精)从阳光日关(精关)漏走,而将其化为元炁复归丹田,又称为"炼精化炁"。具体是在炼功的过程中,或夜半出现阳物举时,立即用武火(强节奏的呼吸)将动气强行通过尾闾关,即用意念由会阴穴将精推送过尾闾关,用强吸气的方法,沿督脉上达泥丸(脑部),再用呼气换文火(以呼气为主的和缓呼吸),由任脉下降入下丹田贮藏起来。可配合舐（舌抵上腭）、吸（小腹内收）、撮（紧提谷道）、闭（闭口）等方法以促使药物归炉。

《至道心传》亦曰："急须采，便以手拿住龙头虎尾，紧缩谷道，挟起小腹，竖起脊背，双目上视泥丸，其阳火自息而升乎泥丸。"

采药的关键在于丹田小腹欲有动气时，万不能使其从阳关漏泄，应抓紧时机用武火将其推离阳关送入周天轨道，决不能从阳关熟路顺下，此即"顺则凡，逆则仙"的道理。正如伍冲虚所说：

药生时，当起火归炉，以防其由熟路走失。（《金仙证论·参炼丹第一》）

采药又称"火逼金行"，火指心念，金生水，金为肾精之母故也。目的在于炼功后阳气发动的同时，避免精漏。

药物归炉印象：

如已动欲离之"精"，经过周天功返还为"炁"，复归入下丹田后，自有一种如释重负的轻松感觉。此时阳物平缩，头脑清新，精神倍增，为得药回炉的功夫体验。药物回炉标志着炼精化炁的成功，有的能达到"马阴藏相"的程度，即阳物藏缩如马一样，阳物宁静，心念离欲，头脑清新，精力充沛。

已漏未漏采药法：

道家采药还分童真未漏及已漏两种修法。如属尚未交媾的全真之体，则以炼气化神为主，为童真修法，已漏者则采之以补足。如《金丹集成》曰："修真之士，采取先天始炁，以为金丹之祖，如不采取，必至旦昼枯亡而已，息息归根，金丹之母。未漏者，采之以安神。未漏童真之体，即用童真修法，已漏者，采之以补足，如有生之初，完此先天者也，后天而奉天时者也。"

真药假药区分：

丹家强调要得"真药"，所谓真药者，指真功而来的"药"（精）。

即在炼功过程中自然出现的药，而非妄想强动所生的药。如《金丹集成》曰："最要得真动真静之机，不然亦不能采取，真炁未到虚极静笃，无知觉时，不为真静。从无知觉时，而恍惚中有妙觉，是为真动。未到无知觉时，而于妄想中强生妄觉，则非真动。动既不真，则无真气者。"故假药好比烧空锅，如《悟真篇》说："鼎中若无真种子，犹如水火烧空铛。"

封炉：

指采药还丹之后，继续用武火以巩固（即继续烹炼）。

采药必须注意自然，功到药自生。所谓"是气自通，我觉而动，实动而觉"，不能烧空鼎或强行生精。

采药还丹后须立即封药，即意念将暖流送进下丹田后，立即以吸、提、收、闭的下腹动作配合呼吸及意念，将丹田牢牢封住，不让精气再复出。即不让欲念再生，阳物再动，则可保持旺盛精力，故采用武火，封用文火。

四、大小周天要诀

周天功指先后天精、气、神的转化过程。

周天，原意为日、月运行一周，如太阳在黄道（太阳的轨道）上运行一周，为360.25度，二十八星宿分布其间，需要360天，和大周天、太阳一年移动一周相应，小周天和星星一昼夜移动一周相应。以周天命名内丹修炼，是表明人体小宇宙与大宇宙相应。精气在人体的任督循环一周称为小周天。

广义而言，大、小周天代表炼精化炁的两个阶段。其中，小周天象征炼精化气阶段，属于炼丹的初关，约需一百天，故又称为"百日筑基"。重点炼腹部下丹田，采小药炼小丹。大周天，为炼气化神阶段，属于炼丹的中关，约需四年，重点在炼胸部丹田，河车搬运十二经脉，采大药炼大丹。

而炼神还虚阶段则属更大的周天，即属于炼丹的上关，约需九年。此阶段属上乘性功，主要炼头部丹田，最后达到物我融一的还虚境界，也就是还虚入道的最高阶段。小周天采集小药，大周天采集大药以还丹成胎。

内丹家认为小周天为取坎填离、坎离交媾的河车小搬运，大周天则属于乾坤交媾的河车大搬运。

具体而言，周天是炼内丹时采药归炉的运送途径。分为小周天及大周天。

由于"药"（精气）源于肾水下丹田，故又称"河车周天"，其中小周天又称"小河车"，主要运精，大周天叫"大河车"，以运炁为主。小周天"药"的主要运送轨道是督脉和任脉，即由会阴过尾闾关沿督脉上背，过夹脊上玉枕关入上丹田（泥丸），至百会后从任脉经中丹田归入脐下下丹田内，小周天途经三关：尾闾关、夹脊关及玉枕关。又经二桥：上鹊桥及下鹊桥。

小周天主要为炼精化炁的采药运药轨道。

大周天：是在小周天的基础上，接通任、督后，再贯通十二经和奇经八脉，即沟通全身经脉。又称大河车，也叫乾坤交媾、金掖还丹。大周天是炼炁化神、炼神还虚的后一阶段。

采药开始用小周天，到一定阶段大周天很自然即打通，所谓水到渠成。

道家内丹修炼的大小周天：

由于小周天为取坎填离，复全乾坤，从先后天八卦来看，离、乾与坎、坤皆分别位居南北方位，午、子时刻，故小周天又称为"子午周天"。

小周天注重活子时，着重于内环境的修炼，大周天则注重正子时，注意力扩大至外环境，修炼重心择重于神，并达到神和气的相抱为一。

丹家还强调大周天时必须做到"六根不漏"，即：目不外视为眼根不漏；不偏外听为耳根不漏；吸鼻封窍，为鼻根不漏；舌抵上腭为舌根不漏；提摄谷道为身根不漏；一念不生为意根不漏。

大周天的河车轨道：

经过小周天任督河车搬运后，吸气引气从涌泉沿大腿内侧足三阴经上升，至会阴会合入腹。然后提肛缩腹，气从任脉上行至胸中"上气海"。换呼气，使气从胸中经臂内侧，沿三阴经至指尖。再换吸气，从手指尖，经臂外侧手三阳经至大椎穴会合，入项至百会。然后呼气，放松，气经上鹊桥向后入督脉，与膀胱经、胆经、胃经相伴至尾闾。分行大腿后、外、前侧降至足心，这样通过意念调控呼吸，引气环行十四经一周。

> **杨力启示**
>
> 小周天的河车运行是督升任降，大周天河车则恰恰相反，为任升督降。

五、玄关一窍要诀

玄关一窍是道家内丹最有奥秘之处。玄关，奥也。《道德经》说："玄之又玄，众妙之门。"玄关究竟是什么？道家各说不一，有认为玄关指下丹田，有说玄关是祖窍，有指上丹田，有认为是指中丹田的，还有认为玄关即活子时。

根据内丹功法及诸家之说分析之，玄关确系关窍，但绝非指某一具体部位，也非指某一具体时刻，而是指内丹功夫快到家的那一时刻的感受。如《金丹正宗》曰："守玄关一窍，是窍藏于先天混沌之中，于无有有无之内，父母未生此生即有此窍，即有此窍即有此身，所谓与身俱生者也。……上通绛宫而透泥丸，下接丹田而至黄泉，上彻下空而黄道中通，此聚药物之圣地也。"（载《正统道藏》40 册，32230 页）

玄关一窍也不是医学上主宰人体机关万窍的脑窍。"玄关"有着宗教特有的更上乘的含义，即指达到信仰境界的那一关键之感受。佛门谓之智慧、了悟，禅宗叫作入禅或直取人心，道家则叫作玄关一窍。即和其他宗

教一样，玄关一窍是指入道的门户，如佛教即指玄关为"入道之门"，如佛经《普灯录》曰："玄关大启，正眼流通。"（卷十七）

玄关即通向道家修炼的心境隧道。正是道家修炼的最高境界——炼神还虚，还虚入道。到了这个时候，即进入了《易》学的太虚，《道德经》的虚无，《庄子》推崇的"坐忘"（颜回语）。即与天地合一的境界，道家称为成仙。正如张伯端所说：

"盖虚极静笃，无复我身，但觉杳杳冥冥，与天地合一，而神气酝酿于中，乃修炼之最妙处，故谓之玄关一窍。"（《真诠》）

杨力启示

玄关一窍要修炼到一定程度的人才会发现，是自然而至的，不受意念控制，只有在没有意念的情况下才会出现，这也是和一般气功的根本区别。

六、文武火候要诀

火，指炼丹的神用。如《金仙正论》说："火者，神也。"风即呼吸，故火候又称风火相煽。火候，指内丹修炼时修炼强度和节奏的控制，因属精气的还原过程故又称文武烹炼。包括心念的紧弛、呼吸的强弱。如《修道全旨》所曰："盖武火者，即呼吸之气急重吹逼，采取烹炼也；而文火者，即呼吸之气微轻导引。"

武火为强意念控制快呼吸节奏，以吸为主；文火为弱意念控制，慢呼吸节奏，以呼为主。武火一般用于运"药"（精气）升督脉时，闯三关时尤其重要，以闯"尾闾关"最为关键。因为此时"药"刚产生，丹田萌动，周身酥软，阳物上举，精欲至阳关而下，必须急用武火并配合舐、吸、撮、闭等动作，逼"药"逆运尾闾关上行，采药才能完成第一步。

文火，为"药"已闯过三关（尾闾关、夹背关及玉枕关）至百会后，经任脉而下，此时应以弱意念，慢呼吸节奏，以呼为主，缓缓运送还纳于下丹田内。武火又名"进阳火"，文火又曰"退阴符"。如丹家曰："运火者，始自复卦子时起首疾进阳火，……行符者，午时姤卦用事则进阴符。"（载《正统道藏》40册，32163页）

另外在"药"运送过夹脊关以及精化为炁，运归于下丹田后，舒缓呼吸，洗心涤念，称为"沐浴"。

文武火候的掌握是以《易经》十二消息卦为基础的，即自复卦一阳生至乾卦为阳长阴消时期，为一年的从冬至夏，一月的从朔至望，一日的从子至丑，宜用武火以顺阳长阴消之气。因为人体小宇宙和天地大宇宙是相契合的。从姤卦一阴生至坤卦为阴长阳消阶段，为一年的自夏至冬，一月的从望到朔，一日的从午时到子时，又当用文火以顺其阴阳的消长。

前半阶段称为"进阳火"，宜用武火；后半阶段称"退阴符"，当用文火。"沐浴"也可说指文武火的维持阶段，即所谓"不增火不减火为沐浴。"（《悟真篇》）

至于"沐浴"火候又当在卯时及酉时，故又称"卯酉沐浴"，相当于十二消息中的泰卦及否卦时刻。因为这两个时刻为阴阳平和阶段，故火势可以缓和，不增也不减，如"小憩"。"沐浴"的含义也指文武火之间的调整，如元代戴起宗说："子进阳火，息火谓之沐浴，午退阴符，停符亦谓之沐浴。"（《悟真篇注疏》）

此外，丹家还十分强调采药之老嫩。所谓老嫩指文武火不能太过或不及，具体指丹田始萌，尚无暖融即采药则太嫩，也即为时过早；一阳尚未生，如阳物举而精走漏则药太老，采已无益，指精已漏，再炼丹已不能成药。另外，如尚无一丝阳动即采药等于烧空锅，于功无益，故如《佰真篇》所言："鼎中若无真种子，犹如水火煮空铛。"

有火还需有风助，丹家"橐龠"好比风箱，又称为巽风，升降由此风而运。在武火进阳火阶段,即河车运药上爬督脉阶段时常须巽风橐籥助火候,在越夹脊关时应加速呼吸来回抽送以过关。夹脊正处人体中部,是以巽风拨动枢机助其升降是也。橐籥一词源于《道德经》"天地之间,其犹橐籥乎,虚而不屈,动而愈出,"(五章)有风箱的含义,被道家所借用。

如《金仙证论》:"橐籥者,即往来之呼吸,古人喻为巽风升降由此而运。不得此风,则辐轴不如法。"《金火丹诀》亦说:"筑基须用有为功,橐籥吹嘘鼎内风,气归元海要流通,丹田温暖老还童。"(七律十六首)这就是丹家火风炼药结丹鼎内的理论。

七、正活子时要诀

子时(子夜11~1时)称为正子时刻,在这里代表道家内丹产药时刻,即炼丹家一般在正子时刻,起身炼丹采药。因为夜半为阴阳相交之际,子时一阳生,故此时易出现丹田萌动,阳物自举,应立即起身采药炼精,此谓炼正子时,目的在于不使精漏去,及时采之以"炼精化炁"归炉还丹。

活子时,指修炼丹时一日十二时辰皆可生药,只要出现产药景象,即精动阳举时,就应立即武火采药。《灵宝毕法》称之曰:"勒阳关而炼丹药。"即:"采合必于此时,神识内守,鼻息绵绵,以肚腹微胁,脐肾觉热太甚,微放轻勒,腹脐未热勒紧,渐热即守常,任意放志以满乾坤,乃曰勒阳关而炼丹药。"(《烧炼丹药第四》)故活子时即"起火"之时。正如《金仙证论》所说:"外肾欲举之时,即是身中活子时。"

真正的子时应是活子时,即炼功到一定程度时,十二时辰中皆可出现的"生药"景象。因此炼丹时间不必拘泥于正子时,如果夜半不出现生火(阳动)景象,则起身炼功以卯时(晨5~7时)最宜。

道家还认为子时应顺年龄的增长而后移。成年以前的生理子时和正子时一致,成年以后每增加十岁,则子时顺延一个时辰(2个小时),故中年以后的生理子时,一般都在卯时以后,即5~7点,故中老年在6~8点起身炼功比较符合生理条件。

八、观景内照要诀

内照法为道家内丹修炼时的一种景象，又称反观内照。指在修炼到一定程度时脑海中出现的内灯宛如黑夜明月，引照三宫内景。《阴符经》说："心生于物，死于物，机在目。"（下篇），其曰机在目，即言双目是人身的机要，阳气的集地，即返光内视。

内照法，依次内照三宫，称为"洗髓法"、"洗心法"、"靖海法"。目的在于审视洗心、净化，先内视泥丸宫，出现水晶般的脑室即下移心宫（绛宫），绛宫光白如洗则下移丹田，丹海清澈见底则存想一轮明月沉于海底，与天上明月相印，月光如洗，彻照全身，或日光在上，月光在下，交相辉映。总之，引来广袤太虚光芒，照去一切欲念黑暗，如《内观经》说：

> 观此身从虚无中来，因缘运会，积精聚炁，乘华降神，和合受生，法天象地，舍阴阳分借五行，以应四时，眼为日、月，发为星辰，眉为华盖，头为昆仑，布利宫阙，安置精神，万物之中，人最为灵，性命合道，人当爱之，内观其身。（《内观经》载《正统道藏》19卷，14794页）

此即内观景象的最高旨意。此外，道家还有各种与存想相结合的内照，照见全身的五脏。如《云笈七签》宝照法：

> 于夜半时，平坐握固，静心息虑，存想两目中忽出白气，如鸡蛋大，悬于面前，须臾，变成两面明镜，径约九寸，一前一后，以照我身。

总之，观景内视虽然方法较多，然总的旨意无非在于引进太虚光芒照亮三宫五脏，去除一切阴霾黑暗。

九、闯关过桥要诀

闯关过桥指炼内丹时闯三关过二桥。

闯三关，指尾闾关、夹脊关及玉枕关，又称为下关、中关和上关。尾闾关是采药必经的第一道关卡，在尻脊上第三节，为任督交会之处，由于阳物兴举，精欲漏下，此时须勒紧阳光，冲开尾闾，如不坚定意志则难以过关，故尾闾关实际上是意志关，一过尾闾关则已成功一半。

闯三关有两个诀窍：受阻在夹脊关时可做双转辘轳，双手掘固平伸，拳心向下，拳眼相对，双手臂如摇转深井打水时的辘轳一般，并尽量带动肩后的肩胛骨，意念集中着做12～36次，此法又称肘后飞金精，耐心多做几遍就有效。受阻在玉枕关时，先做擦风池穴，两手第二、三、四指，同时自下而上，自上而下，来回在项后枕骨下、大筋上（风池穴在大筋外侧）擦动12～36次。再闭目上视，然后引内气过去，做9次。

玉枕关又名铁壁，也属难过之关，因有高骨阻挡，需用重火始可通关。闯时"闭目上视，鼻吸莫呼。"《三车秘旨》比喻闯三关如羊车、鹿车和牛车。过尾闾关如羊踏步，实地而过，不可有半丝分心，否则欲火又动。过夹脊关，如鹿奔跑决不回头。过玉枕关则如牛拉车，须扬鞭猛闯才可上泥丸，直奔昆仑高顶。

鹊桥为任督脉衔接之处。人出生前任督二脉是御接的，出生后即断开，故炼功家需搭上下鹊桥，为上鹊桥及下鹊桥，前者位于印堂鼻后窍处，一实一虚，后者居尾闾谷道之间，亦一虚一实。由于虚实相间，易于下漏，故过下鹊桥需缩提收腹防止从谷道矢漏；过上桥宜舌抵上颚（搭鹊桥），缩息敛神，防止从鼻脱漏。小周天尤须防从下鹊桥走漏，大周天尤应加固上鹊桥。

丹书述说丹炁过上鹊桥时眉间光闪如星，经下鹊桥时血海如潮蒸，故《入药镜》说："上鹊桥，下鹊桥，天应星，地应潮。"

十、抱元守一要诀

丹田一词，最早虽见于边韶的《老子铭》，但其与生命之攸关早已见于中医学的《难经》。如其人难说："十二经脉者，皆系于生气之原，所谓生气之原者，谓十二经之根本也，谓肾间动气也，此五脏六腑之本，十二经脉之根，呼吸之门，三焦之原，一名守邪之神。"《难经》所言部位，即道家的下丹田处，足见丹田于生命的重要性。

内丹过程中守一即存思，指意守三丹田。丹田即指人体产生丹的部位，包括上丹田（泥丸）、中丹田（腹中）、下丹田（命海），三丹田，尤以守下丹田为要。丹家认为是生命所系，为原气生发之所，如《玉历经》曰："下丹田者，大命之根本。"故有下丹田主炼命功，上丹田主修性功之说。

三丹田中，下丹田以"炼精化气"为主，中丹田"炼气化神"，上丹田则以"炼神还虚"为要。下丹田位于脐下二寸四分，相当于中医针灸学任脉经石门穴部位。中丹田位于心下绛宫处，即两乳间相当于任脉穴的膻中穴部位。上丹田地处两眉间印堂穴入内三寸处，正当泥丸（脑）部，故又名泥丸宫，还精补脑于此。

如《抱朴子》曰："或在脐下二寸四分，下丹田也；或在心下绛宫，金阙，中丹田也；或在人两眉间，却行一寸为明堂，二寸为洞房，三寸为上丹田也。"对下丹田的具体部位不必强求一致，应理解活丹田部位。如是，三丹田分别位于人体头、胸、腹三大要害部位，上丹田内为脑海、神府，中丹田内为气海，下丹田内为精海，各与脑、心、肾相应，足见三丹田的紧要。

> **杨力启示**
>
> 丹家守一的一个特殊奥秘是小腹炁动阳举时，用武火将欲动之精从尾闾关送走还丹后再守龟物、尾闾及泥丸，以助"封固"，直到马阴成相形成（即阴缩回复）为止。

十一、结丹成胎要诀

结丹，就是把采得的药物（元精、元炁、元神）通过文武烹炼，从周天功运还下丹田，这叫采药结丹。把游离的元精、元炁、元神采运归炉叫采内药，把后天之精、气、神经过烹炼送炉叫采外药。内药和外药的采集、烹炼、还丹、封固为由药至丹的过程。

成胎：亦是"炼精化气，炼气化神，炼神还虚"的过程，即由丹成胎的过程，由丹成胎还必须完成一个重要的过程，即下丹精气上升，上丹元神下降；精、气、神三者融一体才是胎成。

"成胎"意味着功成圆满，主要征象有：

1. 马阴成相（外肾龟缩）

2. 金、玉液还丹

指炼小周天功成时，口中金津玉液二窍分泌的滓液，将其徐徐咽下入丹海，称玉液还丹。炼大周天圆满时，肾中精气上升入玄口，顿觉满口津生，称金液还丹。

3. 阳光三现

又称白光黄芽，即炼丹将毕时出现印堂闪光，如眉间出现三次闪光，是小周天功成的标志。丹家认为，小周天功满一百日，周天三百次即出现阳光三现。

4. 黄芽白雪

为运周天功时出现的光感，小周天时光如黄芽，大周天时光亮如白雪，光亮由淡黄到雪白，表明功夫的由浅入深。

5. 六根震动

六根指眼、耳、口、鼻、舌、身六个感官，如《仙佛合宗》所言："丹田火炽，两肾汤煎，眼吐金光，耳后生风，脑后鹫鸣，身涌鼻搐。"即出现脐下温融，两肾区暖和，眼现金光，耳如风响，脑如鸟语，身体震动，鼻缩抽动，则为大药炼成时的征象。

6. 马阴藏相

男子阴藏不举，已无邪念。即外肾龟缩，为成功的标志之一。

7. 婴儿现象

理论依据为《道德经》"复归于婴儿"、"如婴儿之未孩"。婴儿象征浑沌纯朴，是道家对自然纯朴的憧憬。丹家强调炼丹到一定程度时，由金丹结为圣胎，出现婴儿现象，则为修炼功成圆满的标志。于周天玉液还丹后，约十月才能成胎，成胎后还须乳哺三年（继续修炼三年）。

如《金火丹诀》序曰："其阳兴时，乃进火之际。以意统神合气，待至还原复命，即由尾闾逆之，夹脊，过玉枕，至泥丸，下至绛宫，仍归气穴，名玉液还丹，期结成圣胎，候十月初圆，才上升天谷，虽婴儿现象，须乳哺三年。到脱胎神化，意惟定静耳，抱元守一。"

十二、女金丹修要诀

女子修炼与男子有所不同，因男子主要损耗肾精，故以修下丹田命功为主，女子由于损在肝血，故修两乳之间的"乳谿"（位于膻中穴处），为两乳间入内一寸三分处。女子修炼与男子不同，女人重在炼形，男子则为炼精化炁，达到"白虎降"（精不漏）的效果。男子修仙结丹于下丹田，女子修仙炼血化炁，则气归于"绛宫"（膻中），功成圆满为"斩赤龙"。（断经乳缩）

女子修炼内丹的目的是将下丹田的经血化为炁，贯于两乳间的中丹田——膻中。故从下丹田吸气采药是最重要的一步，至于捧乳轻揉是下丹田一阳生前的准备。所谓炼经化炁，存气于乳。其余周天功法与男同。

如《太阴炼形法》曰："初下手时存目存神，大休歇一场，使心静息调，而后凝神入气穴，将两手交叉，捧乳轻轻擦摩三十六遍，将气自下丹田微微吸起二十四口，仍用手捧乳，返照调息，久久自然真息往来一开一合，养成鄞鄂，神气充足，真阳自旺，其经水自绝，只凝神于气穴，回光返照，是谓玄牝之门也。真息悠悠，虚极静笃，阳气熏蒸，河车逆流，万朵紫云朝玉宇，千条百脉种泥丸，斩赤龙之功，有如此效验，故女子修炼，以斩赤龙为要也。"

修炼女丹，其余与男子同，关键在于从下丹田，引得的气运至中丹田，不送还下丹田，送下津液时也不送下丹田，而送往绛宫，即将丹结于两乳间的中丹田。一旦斩赤龙后（经绝）即开始炼液化炁，及敛神还虚，即将意守重心从膻中下移到下丹田，其余采药、炼药、周天及炼神还虚等大、小周天过程与男子修炼同。

《西王母女修正途十则》曰："女子天癸已下，真炁已破，真血已亏，不事修经……其诀惟何？凡有月信者，先斩赤龙。无月信者，又须先复而再斩。究竟起手，皆用周天之法。"即言道家女丹修炼强调断经，如已断经者则先复再断。这是女丹修炼的标准之一，另一标准为缩乳。

如《西王母女修正途十则》说："炼得乳房如处女小儿形，便是女换男体，其功法不外四则五则者，女子以血为本也，而此则题旨，乃在炼赤返白"，即炼得双乳缩复如童体状。并言"女子还丹以后，精气充足，与男同体"，说明道家修女丹非常重视"斩赤龙"（断经），如《孙不二女功丹次弟诗》十四首第四斩龙言：

  静极能生动，阴阳相与摸。风中擒玉虎，月里捉金乌。
  著眼细缊候，留心顺逆途。鹊桥重过处，丹炁复归炉。

即言丹道认为，阴阳互根互存，风火相助，神炁相应（风为肺金，为炁为玉虎；火为离心，为神为金乌），故一阳生时（缊缊候），要留神顺逆，顺则凡，逆则仙。所谓逆指男子把精关，女子定经关，丹炁过鹊桥后男女丹药各结一丹海（男结于下丹田，女集于中丹田乳谿）。短短数言点出了女金丹修炼的要旨。

总之，女丹修炼的具体功法是：

1. 存思闭地户

盘坐，以一足跟抵住会阴，目的在于合阴固炁，然后闭目静思。

2. 叩齿揉乳

双手捧乳轻按三十六转，叩齿七遍，鸣天鼓二十四遍。

3. 咽津还丹

咽津九口，随意念徐徐下注丹田。

4. 周天返丹

丹田融暖一阳生时，以意念引炁经小周天河道搬运，即经尾闾关上督脉过夹脊关、玉枕关，上达泥丸，经昆仑从任脉下注乳溪（中丹田），存气于乳。

5. 再咽津揉乳收功

最后揉乳须先将双手搓热，然后从面部按摩至乳再至小腹，反复一百次，达全身气血流通、乳部舒展，称为"熨摩三焦"、"乳返为膏"。

> **杨力启示**
>
> 综上所述，道家内丹修炼的宗旨在于要达到无欲、无为的境界，这是道丹修炼的最高境界，也是和凡人气功的迥异之处。

内丹修炼是道家在外丹修炼失败之后，充分汲取了外丹的教训和经验崛起的，是东方养生术中的一颗璀璨的明珠，其特点是以修心神（心脑）带动生命功能。内丹修炼虽然属于宗教的修炼，但对养生长寿方面有很高的价值，是我国文化宝库中非常值得发掘的宝藏，对我国气功及武术有重要影响。

第六节 内丹修炼在养生术中的重要意义

内丹修炼在东汉魏伯阳著《周易参同契》之前没有系统的理论，因此没能发挥其应有的优势，故秦汉时期外丹修炼一直被丹家所热衷，而内丹修炼虽然源远流长，却始终未被重视。自从魏伯阳《周易参同契》将易理充分引进道丹后，内丹修炼被赋予了新的生命，魏伯阳成功地把《易经》阴阳理论及六十四卦用作内丹修炼的理论指导，并和黄老学说一起奠定了道家内丹修炼的理论基础，使内丹修炼从一般养生术上升为丹家上乘修炼，从而也使《周易参同契》被誉称为万古丹

经王。

自此,以易理作为理论指导的丹书层出不穷,竟达百部以上,仅《正统道藏》就收集了130余篇。丹法理论逐渐完善,内丹修炼的水平也不断提高。内丹术也由秘传转为公开传授。宋代由于儒道融一的主张,一批儒士对道家内丹术进行探索,最有成就的莫过于精通易学的宋代思想家陈抟。陈抟虽为道士,但也是一名儒学者,陈抟著名的《无极图》在《周易参同契》及东汉以来的丹书基础上进行了发展,并进一步把易理应用于炼丹理论,且对道丹基本理论进行了整理和提高,尤其把《易经》太极阴阳理论进一步应用于内丹,使内丹理论日臻完善,对道家内丹修炼宝藏的弘扬做出了贡献。

> **杨力启示**
>
> 由于道家内丹修炼以《易》、《老》作为理论基础,尤其把易理充分应用于道丹促进了内丹修炼的发展。由于具有完善的理论体系以及拥有一批阐述道丹理论的专著,故使道丹理论得以保存下来,这也是道家内丹术经久而不衰的主要原因。由于健全了理论体系,内丹术的修炼走上了正轨,并深刻地影响了中国的气功和武术,为中国人民的健康做出了不朽的贡献。至今道家内丹的修炼不但在民间保存下来,而且正在被中国气功和武术进一步发扬光大。

第七节 道丹性命双修的启示

道家的性是指心性,即精神意识,为脑的功能。命为生命、生机,以肾、命门、生殖功能为主。性命双修即精神意识和生命机能兼修。性与命二者为互根关系,所谓性无命不立,命无性不存。

一、道家内丹修性对脑气功的启示

道家修性的最高境界为成为仙人升天,仙人的标准为"与道合一"、"与天地长存",人与自然融一,获得大自在。道家修性显然有其宗教的内涵,而且人是不可能升天的,但却提示了精神修炼的重要意义。宗教修炼的特点在于突出心性的修持,无论佛家还是道家首先强调的都是修性(心性),尤其佛家是以修心性带动生命机能的。如禅家的"直指人心,见性成佛",即直接修精神意识即可成佛。和佛家一样,道家虽然主张性命双修,但同样具有宗教以修心性为主体的特点。这也是道丹修炼和一般气功修炼的根本区别。

> **杨力启示**
>
> 道家修性对气功的启示在于提示了脑气功开发的重要意义,宗教虽以修心性为重心,却起到了长寿延命的作用,说明心脑在生命机能中的主宰意义。通过心脑的修持,精神思想的解脱是完全能够带动生命功能的。脑气功的优势在于以脑功能带动全身的生命功能。大脑支配着全身的功能,只要脑不衰则全身不衰,脑气功的优势在于脑的兴奋可以振奋周身。因此脑气功是极有开发价值的气功。

二、道丹修命对性气功的启示

道家虽然比较注重修性(心),而且北宗即以修性为主,但仍然未忽视修命,并以修命配合修性。

道家内丹的修命指修肾命,特点在于以生殖之精——元精化为炁,所谓炼精化炁,搬运周身以之作为炼气化神、炼神还虚(成仙)的基础。因此,道丹十分重视"活子时",即一阳生动(性兴奋)

时，即固精采药进行还精补脑河车搬运，直至阳缩气平，出现精力充沛为止。

> **杨力启示**
>
> 道丹修命独特的"还精补脑"对气功有重要的启示，即借道家以性兴奋鼓动生命机能的原理，把气功和性（这里指生殖功能的性）相结合以鼓动生机，此即所谓性气功。道家的阴阳双修及房中术皆可借用于性气功，性气功是"房中"进行的气功，目的在于借用性能量传输于身体其他部位，以振奋生机。当然振奋生命机能不仅是性活力，心脑产生的活力更是重要因素。因此，道家的性命双修提示了心脑和肾、命的修持必须互补互根、互相激活，才能振奋人体整个的生命机能。

第八节 内丹还精补脑的启示

"采药"是道家内丹修炼的主要目的，采的是生殖之元精，采之后经河车运转转化为炁，复藏于下丹田。并一再强调下丹田（脐下三寸）有暖融动气时，随之而来的是浑身舒痒、阳物上举，即为药生时刻（一阳生时），应立即采药搬运炼药及封藏。

为什么道家内丹术这样重视生殖之精？原因在于下丹田为生命之源。"玄牝"为天地之根，生机勃发之处。道家内丹的目的在于把炼丹激发起来的性活力，借用于激发体内其他部分的活力，包括大脑功能，然后又把这些加强了的活力转化为潜力贮备起来，这就是道家炼精化炁、炼气入神的道理。因此，道家非常注意封藏不漏，因为精一漏阳气随之走泄，则非但不能增强脏气反而损体，这就是道家竭力防止漏精的原因，也是内丹修炼术的奥秘和要旨，是非常值得发掘的。

道丹家强调这种性活力必须是在炼功过程中自然萌动的，和欲念所动者迥异。因此不能强求，更不能欲动。性活力是生命活力的重要征象，性活力和生命活力密切相关、互为依存。保持性活力是保持生命活力的重要因素之一，故炼丹家十分强调固精。

还精补脑当然不是直接的意义，但固精确实可以健脑。按照中医理论心肾水火相济，精髓同源，脑为髓生，精又生髓，故精与脑有极密切的关系。"还精补脑"意味着萌动起来的性活力，能促进精髓相生，故据炼丹家的体验，把已兴奋起来的性活力（精炁）用强意念（武火）强呼吸，通过督脉上注于泥丸（脑），再从昆仑下注任脉而入丹田。在上注于脑这个过程中便能激发脑的活力，三百遍后（小周天）脑力及全身的生命活力皆可大增。炼丹后倍感头脑清新，精力充沛，并且可延年益寿。

杨力启示

因此，道家内丹的重要启示是要注意发动和借用生殖活力，以促进生命活力。故不能只修心性（脑），还必须修命（肾、生殖），这样才能增强全身活力，这就是内丹性命双修的原理，亦即炼内丹一定要注意发动生命之源——性活力，并以之增强和促进全身活力，这就是道家修炼的秘诀，是养生术应该借鉴的。

第九节 道家"正子时"及"活子时"的启示

道家炼丹非常注重"正子时"及"活子时"，所谓正子时指自然界一阳发动的时辰，时间虽为夜半子时，实际为早晨5~7时及一年的春季；活子时则为一日十二时辰内皆可出现的时刻。为什么道家炼丹如此注重正、活子时？

因为这个时候是阳气萌动生机勃发的时辰，借此活力以激发身体的其他生命机能即可收到事半功倍的效力，而在生机不勃动的时辰炼功效果显然不如此时，这是道家炼丹的一大秘要，有汲取的必要。尤其道家利用生殖勃动的活力引致激发生命的其他功能，而不是顺其贪乐一时，更为道家内丹修炼的秘旨，延命长寿的要诀，是道丹中最值得汲取的精华。这就启示要选择炼丹时辰，一是要利用大自然生机勃发的时辰以借用于自体；另则要借用生殖勃发的活力以激发自己的生机，这样炼功必然能起到事半功倍的效果。

第十节　道丹后天返还先天理论的启示

道家强调后天返还先天主要包括命（生理功能）返还，及性（精神意识）返还。

命返还指后天坎离返还为先天乾坤。道家认为人体未出生前是浑沌未破的全真之体，乾坤处于阴阳圆满状态。出生后，坎离交媾，乾中一阳落于坤中而成坎卦；坤中一阴，上于乾中而成离卦，如是则象征阴阳的乾坤二卦开始失于圆满而成为坎离二卦。加之成年以后不断地失精耗炁，导致阴阳失于破损。

因此，要不断地做内丹修炼取坎填离，以恢复乾坤的圆满，即恢复阴阳的平衡。故道家后天返先天的真正目的，在于填补真精恢复阴阳平衡。后天返先天，即"顺为凡，逆为仙"，顺即远离，逆即返还。具体体现为抽坎填离小周天及生命大周天，炼精化炁小周天的逆顺，指丹田一阳生，坎中之真阳顺漏则为凡人，逆炼则为仙人。

从生命大周天的"逆、顺"来看，人的生命钟和太极八卦周期是一致的。以伏羲六十四卦而言，乾坤相当于子午时，分别为人生的初生及盛年时期；离坎为寅申时，分别为青春期及更年期的象征；泰否值辰戌时，又各为成年及衰老期的标志。

第十章 老子道家内丹奥秘及养生启示

人从坤时出生后,子时一阳生,至离时(寅时)坎离交媾、心肾水火既济,阴阳浑破男子开始遗泄,女子开始行经,乾坤已失去圆满。泰卦(辰时)已是成年阶段阳长阴消阴阳均衡,到乾卦时为阳气鼎盛时期,阴气退尽,至坎卦时阳气消退阴气已达到与阳相抗衡的程度,并逐渐向更年期过渡。至否卦则阴阳开始失交(否隔)而进入衰老期,然后至坤卦生命而终,这是从先天六十四卦而论的人的整个生命盛衰过程。如图:生命逆顺图。

"顺则凡",即指如果任其精漏妄泄,那么从离可顺直到坎,从泰可径直至否,如是,则达不到乾的圆满而早衰。这就是说在离至乾的任何一个阶段如不注意保精修炼,任凭妄漏泄皆可径直滑向阴长阳消的一半而导致早衰。

"逆则仙",则言如能修炼保精化炁、炼气化神,则坎可返离、否可还泰,也即可从坎至否的任何一个阶段逆行至阳长阴消的一半,从而达到抗拒衰老的目的。

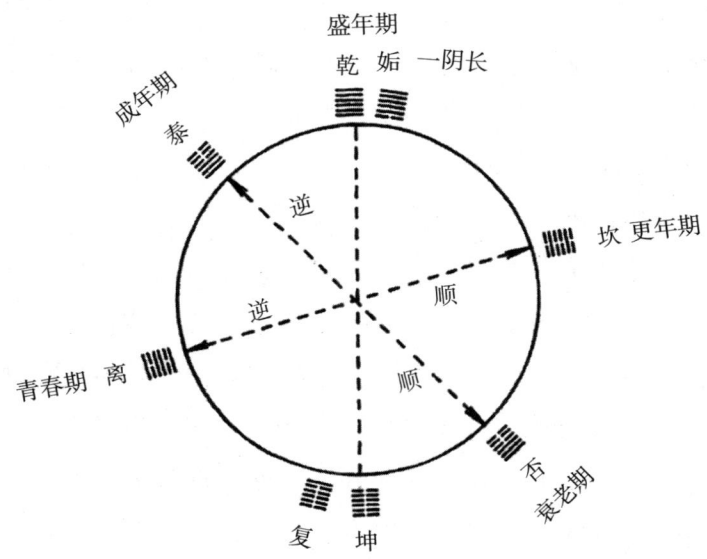

图92 生命逆顺图示

> **杨力启示**
>
> 　　由此启示到顺其漏精妄泄愈早则衰老愈早,逆其漏精炼丹愈早则返还的愈年轻。坎时即修炼可返还至离时,否时才修炼则只可返至泰时,提示人的一生防止精漏愈早则衰老得愈晚,固精修炼愈早则返还得愈年轻。"命"返还的目的在于恢复阴阳的大圆满。

　　道家后天返还先天的另一重要理论为性返还。道家的"性"指心性,即大脑意识思维。道家性返还即还虚归一。正如《悟真直指》所曰:"归三为二,归二为一,归一于虚无。"

　　返本理论最早见于《易经》,如泰卦:"无往不复","日往则月来,月往则日来"(《易·系辞》),《易经》反向运动律就是返本理论的渊源。《道德经》也强调:"反者,道之动。"事物的周期性往返运动是宇宙万物的根本规律,生命运动也不例外。《道德经》具体指出"复归于婴儿","复归于无极","复归于朴。"(《二十八章》)

　　返还复归的秘笈主要有二:

　　第一,返还开慧秘笈。

　　返还开慧,指意识返还达到的境界,是高层次的修炼。意识的返还必须在修炼过程中做到铲除一切恶邪妄念,唤起被长期压抑的潜意识。现代人类是显意识占主导地位,潜意识居于从属,并被压抑,《道德经》提出"复归于婴儿"即"大智若愚"之义,故丹家修炼是一种意识的返还也即意识的重演,主要在于去除妄念私欲的羁绊,使显意识得到解放,则潜意识即可得到唤起,这样便可获得大智慧,这就是返还开慧的机制。

　　为什么返还能够开智,因为返还的目的按照《道德经》的旨意是复归于质朴。因此返还的过程即是精神心性的修持，按照《易经》的要求即是"洗心"，就是要涤去遮蔽智慧的妄念私欲，只有解脱压抑，智慧才能获得释放，这和佛家的了悟、顿悟是一样的道理。佛家经过修持去除了妄念欲障后获得智慧的大圆满就是这个原因。

有人在经历了一场死亡复苏后，突然获得了大智慧，具备了前所未有的学识；有的人在经过长期的修持之后，竟然出现了非凡的智慧，释迦牟尼在菩提树下修持七天七夜之后突然顿悟慧开，说明人的大脑封藏着不止一代的智慧存档，在获得启封后即能返还，这就是意识重演、智慧返还的理论设想。这就启示了一条重要的理论，即被欲望私念充填满了的显意识空间，潜意识长期受抑制，要启封这些智慧存档必须清除邪欲妄念，超越自我，才能使意识重演，让智慧返还。这就是返本复归的重要启示。

第二，返本还虚秘笈。

返本还虚是道丹修性的最终境界。道家强调的"返本"即《道德经》所指的"复归于无极"，"复归于朴"。"无极"即"道"，指宇宙的浑沌未破、生机勃然的自然状态。朴，"朴散则为器"，形容自然界浑全充盛的圆满状态。道家认为生命体原本属于自然界浑圆未破前的一个组成部分，是圆满自在、物我无界的，道家成"仙"、升天，即一还复生命个体与宇宙大自然的融一无碍，这和佛家的物我融一是一致的。

《庄子》逍遥游思想即反映了道家"升仙"的大自在、大乐融的精神境界。如庄子向往驾御着天气游于六极之外，无任何束缚，如曰："乘云气，御飞龙，而游乎四海之外。"即达到真正的大自在。目的在于精神解脱，这是仙家的精神境界。如《庄子》说道："天地与我并生，而万物与我为一。"（《庄子·齐物论》）即我与天地长存，天地与我无差别，这是仙家修长生不死思想的理论之渊源。

杨力启示

佛家修炼超越自我,离一切妄欲障,最终达到超越生死苦痛,证得无上菩提,和道家的还虚、复归于无极太虚是一致的,即返本还虚的根本目的在于精神上的大解脱从而获得大自在。精神自在,生理才能协调,生机始能勃发,这才是真正的长寿延命诀要,这就是道家返本还虚的启示。

第十一章 道家名著修炼秘诀启示

在内丹修炼方面,道家丹经不少名著有重要价值,本章将列举十一部进行阐述。

《周易参同契》、《太平经》、《悟真篇》、《抱朴子》是道丹修炼的四大经典,其特点是皆以《易经》及《道德经》思想为理论基础,因而既是道家理论专著又是内丹修炼的重要著作。

从道家十余部丹经著作来看,几乎都以易理为本,结合《道德经》进行阐发,并且还直接引进《易经》象数原理,这足以说明道家理论和内丹修炼与《易经》的渊源关系,充分证实了易道相通、道源于《易》的历史事实。

其余诸部道丹典籍,也都很有特色,分别在道家理论及道丹修炼方面作了精辟的阐发,皆为研究道家理论及内丹修炼的珍贵资料。

一、《太平经》的修炼精粹

(一)"守一"之秘

"守一",即守"精气神",其思想来源于《庄子》:"我守其一。"(《庄子·在宥》)"守一"是《太平经》的修炼要旨。

"守",指修持,"一",广义指精气神,所谓"三合以为一",狭义指神,守一的目的是使后天精气神变为先天元精气神。《太平经秘旨》说:"夫人本生混沌之气,气生精,精生神,神生明,本于阴阳之气,气转为精,精转为神,神转为明,欲寿者,当守气而合神精不去其形、念,此三合以为一。"

如何守一？

如《太平经秘旨》说："守一之法，始思居闲处，宜重墙厚壁不闻喧哗之音。"即言要高度的专一，并且从守神开始，并须持之以恒，百日见小效，三百日才显真力。"如曰："守一之法，百日为小静，二百日为中静，三百日为大静。"并且强调要与天地阴阳的消长变化相同步。如曰："守一之法与天地神明同出阴入阳无事不通也。"

"守一"自始至终都以守神为核心。如曰："夫欲守一乃与神通"、"守一之法，乃万神本根"、"守一之法，不言其根，谨闭其门，不敢泄漏，谨守其神，外阁内明一乃可成"。"守一之法，将与神游，万神自来，昭昭可寿。"

《太平经》除强调守神之外，还很注意守气。如曰："天地之道所以能长且久者，以其守气而不绝也。故天专以气为吉凶也，万物象之，无气则终死也。子欲不终穷，宜与气为玄牝，象天为之，安得死也。"（《太平经·包天裹地守气不绝诀》）

守一的最高层次为精气神的返还，尤其是神气的返还。如曰："道之生人，本皆精气也，皆有神也。……愚人，不知还全其神气，故失道也，能返还其神气，即终天年，……渐精熟即安。"（《分别形容邪自消清身行法》）

《太平经》关于守气还提出，少食及食气的人，指少食易致类秽气昏之物，真神好洁，故应以少食为根，"少食"一术成为以后"辟谷"的基础，而食气则成了以后气功的重要内容之一。如曰："天且使其和调气，必先食气，故上士将入道，先不食有形而食气，气且与元复合。"（《九天消先王灾法》）并且还成为后世胎息功的根吸基础。

如曰：请问胎中之子，不食而炁者何也？天道乃有自然之炁，乃有消息之炁。凡在胞中且而得炁者，是天道自然之炁也；及其已生，虚吸阴阳而炁者，是消息之炁也，人而守道学，反自然之炁者生也，守消息之炁者死矣。故夫得真道者，乃能内炁，外不炁也。是以内炁养道性，然后能返婴儿，复其命也，故当习内炁以内养其形体。"

> **杨力启示**
>
> 上述足见《太平经》"守一"的内涵是很深的，包括精气神三合为一的道合境界，非一般的守神所能尽义。在守一的过程中甚至可以出现"光通六外"、"万神自来"、"与神通"，最终可达到："可以变世，可以消灾，可以事君，可以不死，……可以六视。"

（二）脱壳成仙之秘

《太平经》认为神形是可以分离的，即认为高层次的修炼则可脱离躯壳而升天成仙，并且是百万人不遇之事。"白日升天之人，自有其真。性自善，心自有明……天神爱之，遂其成功。"以及"百万之人，未有一人得者也。"这是《太平经》神学思想在内丹修炼中的体现，有浓厚的宗教色彩。

> **杨力启示**
>
> 成仙升天虽然不可能，但其精神与天地永存、与道合一的宗旨都是可以借鉴的，人的形体生命是有限的，但精神生命却是可以长存的，要达到精神生命的永存是不容易的。儒家的仁人、佛家的菩萨、道家的仙人实际都是精神生命的永存，只有求得精神生命的永存才是人身修炼的最高境界。

二、《黄帝阴符经》的内丹秘笈

《黄帝阴符经》提供了道家内丹修炼的重要理论，和《周易参同契》一起为道家修炼的经典著作。《黄帝阴符经》主要偏重于内丹修炼的理论阐述，为内丹修炼的重要指导原则，主要观点如下述几个方面。

（一）观天之道、执天之行尽矣

此为《黄帝阴符经》内丹理论的重要原则。观，观察，执，遵守，即要求内丹修炼要遵循自然规律。观天之道，主要是观天地阴阳动静之道。道，《易》曰："一阴一阳之谓道"，即道为自然界阴阳运动变化的规律。故李荃疏曰："但观天道而理执天之道，则阴阳动静之宜静矣。"

阴阳之道，要旨在于阴阳消长的变化规律，如太极图所示阴阳是在不停地变化着的。亦如《道德经》所曰："万物负阴而抱阳。"阴阳的变化深奥无穷。故《易》曰："阴阳不测之谓神"，《阴符经》深有体会。曰：

> 人知其神而神，不知不神而所以神也。

即言人们对鬼神的变化尚且可知，而真正的阴阳变化——"不神"却难以掌握（"不知"），自然界阴阳不测才是真正的"神"。这句话也体现了《阴符经》光辉的唯物主义思想。《阴符经》对《易经》阴阳不测作了进一步的分析，认为之所以不测，之所以"不知"，是由于天地是没有意志的。所谓：

> 天之无恩而大恩生，迅雷烈风莫不蠢然。（《阴符经》下篇）
> 天之至私，用之至公。（《阴符经》下篇）

"无恩"、"大恩"，即指自然界的阴阳变化是不以人的意志为转移的，天之"至私"、"至公"道理亦然。

原文紧接着指出，"恩生于害，害生于恩"，强调自然变化是阴阳相互依存的，不是孤立的。最后提出：

> 阴阳相胜之术，昭昭乎进乎象矣。（《阴符经》下篇）

> **杨力启示**
>
> 天下万事万物，包括内丹修炼都必须掌握自然界阴阳相胜的规律，方能"昭昭乎"。昭，彰也，即言只有掌握阴阳运动之间的关系，才能明白一切事理。

（二）提出道家性命双修的理论原则

《阴符经》具体发挥了《易经》关于性命的理论，并突出心性的修炼。如说道：

> 心生于物，死于物，机在目。

心即为人的"性"，指心性，代表思维活动。此言有精辟的哲理，并充满了辩证的意味。所谓"心生于物"，即思维意识是来源于物质运动的。

> **杨力启示**
>
> 人的精神活动是客观世界物质运动的反映，不是孤立存在的，突出了精神活动与客观世界之间的相互关系。心"死于物"，即强调人的精神意识如果执着于物，不能自行解脱则必生祸害。

如李筌的《黄帝阴符经》疏曰："心贪于物者，损寿目视无厌则意荒，但戒目收心则无祸败之患也"，塞晨《黄帝阴符经解》注曰："心者为万法之源"，即强调精神意识是万念之始，欲修性命，首先要断除万法之源，故首先为修炼心性，在炼丹术中称为筑基，筑基即炼己，就是为炼精、气、神（修"命"）奠定基础。

《阴符经》之所以强调修性（修炼精神思想）就在于人虽有性（心识精神）、命（精、气、神）之分，然而生理活动是受心理活动支配的，也即起决定意义的是心性，心性修炼好，命自然能固。原文曰：

> 宇宙在乎人，万化生乎身。

即言修炼好自心，就不会被万物所毁，也即心死于物，如是便可心驾驭物，而非物驾驭心，从而夺得养身的主动权。故《阴符经》既强调心生于物，又突出心死于物，原因就在于既要尊重客观世界，又不被它征服，达到从精神上支配宇宙的目的。这也就是原文所说的：

> 天发杀机，龙蛇起陆，人发杀机，天地反复，天人合法，万变定基。

即言人在实际能力上虽然不能左右天地自然，但在精神上是可以征服客观世界的，这是《阴符经》炼内丹理论的精辟之见。

（三）主张性伏藏

> 性有巧拙，可以伏藏。（《阴符经》上篇）

性，正性，指心性，即心神的活动，性可以伏藏，就是说人的神机应密，正如《易经》所言："君不密则失臣，臣不密则失身，几事不密则害成，是以君子慎密而不出也。"心念不能浮动，如《阴符经》原文曰："人发杀机，天地反复"，即言人如产生妄念，肉体可发生天翻地覆的变化。故《黄帝阴符经心法》曰："无使害心于分外之欲，则内无所丧，外无所扰，身心安静，气血冲和。"就是说"人正性寂然未动，湛若太虚"。原文进一步指出：

> 九窍之邪，在乎三要，可以动静。

人之九窍为眼耳鼻口二阴，乃人之户牖，三要为耳目口，以通达内外，目的在于保持内外环境精气神的通应。"可以动静"为《易经》开阖的动静原则。如《易经》"一阖一辟谓之变，往来不穷谓之通"，即言一翕（阖）一辟（开）动静不失时而物无灾害，是以广生也。即言眼耳口（"三要"）的开阖动静要有一定的适度。

正如《道德经》所言:"五色令人目盲,五音令人耳聋,五味令人口爽,是以圣人为腹不为目,故去彼取此。"(十二章)这里的腹与目表示内及外,即言要注重内在的修炼,不去被外界所迷惑,不能舍本求末,这就是九窍三要动静开阖的原则。正如《阴符经》所说:

瞽者善听,聋者善视,绝利一源,用师十倍。

即言目盲者不见于色,心专于耳故听聪,失声者,耳不闻其声,心专于目故视明,表示少一分窍的动静,即增一分心的专一。所谓"绝利一源,用师十倍"之意也。《阴符经》的这一观点为道家内丹守窍奠定了基础。

三、《抱朴子》内丹的修炼奥秘

(一)"守一存真"的修持法

《抱朴子》的摄生修炼法,极为重视"守一",目的在于"存真",关于"守一",《抱朴子》在《地真》篇中作了精辟的论述。

为什么要"守一"?关于"一"的奥义《抱朴子》说:"人能知一,万事毕。"并言"道起于一"。《道德经》曰:"道生一",《淮南子·天文篇》亦曰:"道生于一",足见"一"为宇宙之本体,万物之源。

《周易·系辞》曰:"天下何思何虑,天下同归而殊途,一致而百虑",《道德经》则曰:"昔之则一者,天得一以清,地得一以宁,神得一以灵,谷得一以盈,万物得一以生,侯王得一以为天下正。"即言万物始源于浑元一体,这个浑元是圆融的,是阴阳和谐为一的象征,也即是阴阳相融的大圆满状态,无冲突无偏极,故纵宁静却生机盎然、貌似空谷却圆满充实,故《庄子》亦曰:"磅礴万物以为一。"(《逍遥游》)

《抱朴子》亦云:"一能成阴生阳,推步寒暑,春得一以发,夏得一以长,秋得一以收,冬得一以藏。"从而强调"守一存真,乃能通神",并认为"若知守一之道,则一切除弃此辈,故曰能知一则万事毕者也","人能守一，一亦守人，所以百刃无所措其锐，百害无所容其凶，居败能成，在危独安也。……能守一者，行万里，人军旅，涉大川。"

《抱朴子》不仅强调了守一的重要意义，而且指出了"守一"的要旨在于守神去欲，故告诫曰：知守一养神之要，则长生久视。要做到守神首先应做到"无欲"。正如《抱朴子》所说的"以思神守一"，"精神专一"。（《明本》）而且须以《易经》仁义为标准，故云："易曰：立天之道，曰阴与阳；立地之道，曰柔与刚；立人之道，曰仁与义"，且说道："夫道者，内以治身，外以为国"，足见《抱朴子》的修养层次是比较高的。既要修身又要修德，是德身并重的，即"守一"的最高标准为"圣人"。如曰："得道之圣人，则黄老是也。"

《抱朴子》还论述了"守一"的具体方法为：

闭聪掩明，内视反听，呼吸导引，长斋久洁，入室炼形，登山采药，数息思神，断谷清肠哉。（《抱朴子·辨问》）

《抱朴子》还引《仙经》曰："服丹守一，与天相毕，还精胎息，延寿无极。"（《对俗》），如能真正达到守一则可达到："知守一养神之要，则长生久视。"

（二）胎息养身术

胎息养生术是《抱朴子》养生修炼的一大精粹，胎息功是在葛洪"行炁"的基础上提出的，葛洪极为重视"行炁"即运气。其曰："欲求神仙，唯当得其至要，至要者在于宝精行炁。"而行炁的大要即是胎息。如曰：

欲求神仙，唯当得其至要，至要者，在于宝精行炁，故行炁或可以治百病，或可以延年命。其大要者，胎息而已。得胎息者，能不以鼻口嘘吸，如在胞胎之中，则道成矣。初学行炁，鼻中引炁而闭之，阴以心数至一百二十，乃以口微吐之，及引之，皆不欲令己耳闻其炁

出入之声，当令入多出少，以鸿毛着鼻口之上，吐炁而鸿毛不动为候也。（《抱朴子·释滞》）

此即胎息功的全部心旨，胎息功的要义在于调动全身毛孔，打开全身千千万万个微型窗户。全身的毛孔，中医称为"腠理"，并极为重视，认为是元真通畅之处。如大医学家张仲景《金匮要略》曰："腠理，元真通畅之处。"说明千千万万个腠理在人体气机升降出入中的重要意义。

《抱朴子》还介绍了行炁必须与意念相结合，而且还须法天地升降，即在阳长阴消时即阳气升时（生炁之时）行炁，阴长阳消时即阳气降时（死炁之时）不能行炁。就是说摄生要与阴阳消长相顺应。

如曰："渐习转增其心数，久久可以至千，至千则老者更少，日还一日矣。夫行炁当以生炁之时，勿死炁之时也。故曰仙人服六炁，此之谓也，一日一夜有十二时，其从半夜以至日中六时为生炁，从日中至夜半六时为死炁，死炁之时，行炁无益也。"（《释滞》）

还言："夫吐故纳新者，因气以长气，而气大衰者则难长也。"（《极言》）"食气者神明不死"（《杂应》），并记载了一个古人仿龟导引吞气，置于土室中，一年不食，竟颜色悦泽，气力自若（《佚文》）。故葛洪告诫说："夫人在气中，气在人中，自天地至于万物，无不须气以生者也。善行气者，内以养身，外以却恶，善百姓日用而不知焉。"（《至理》）

四、《灵宝毕法》内丹秘笈

（一）"匹配阴阳、气液相生"修炼法

《灵宝毕法》对"匹配阴阳、气液相生"的修炼方法在其《匹配阴阳》第一篇有着精湛的论述。

1. 《灵宝毕法》对气机升降理论作了圆满的论述，指出得气而升，中阴而降，并强调一年之中"自冬至之后，一阳复生如前运行不已，周而复始，不失于道。冬至阳生，上升而还天三复至阴生，下降而还地，

夏至阳生到天而一阴来至，冬至阴降到地而一阳来至。"如此阳生阴降周而复始。

2.《灵宝毕法》对气液相生的关系作了阐述。如曰："积气生液，积液生气"又曰："夏至之节阳升……乃阳中有阳，其气热，积阳生阴，一阴生于二阳之中……冬至之节阴降……乃阴中有阴，其气寒，秋阴生阳，一阳生于二阴之中。"即指出气液的消长与阴阳的升降密切相关。

3.《灵宝毕法》指出，人体的气液相生与自然界天地之升降相吻合，从而主张要善于"接天地之气"，不能"反为天地夺之"。由于"气散难生液，液少难生气"，以一日比一年，以一日用八卦，时比八节，子时则肾中气生，卯时气到肝，肝为阳其气旺，阳升以入阳位，春分之比也。午时气到心，积气生液，夏至阳升到天而阴生之比也。午时心液生，酉时液到肺，肺为阴，其液盛，阴降以入阴位，秋分之比也，子时液到气，积液生气，冬至阴降到地而阳生之比也，周而复始，日月循环。

杨力启示

因此，提出人体呼吸的深浅应与自然界阴阳升降相同步，即在天地气旺之时要吸多呼少，而天地气少之时又须吸少呼多，由于卯时为阳长阴消阶段，酉时为阴长阳消时辰，因此，《灵宝毕法》指出原则上于"卯卦阳升气旺之时，多吸天地之正气以入，少呼自己之元气以出，使二气相合，气积而生液，液多而生气。"

具体方法为："当其气旺之时，日用卯卦，而于气也，多入少出，强留在腹，当时自下而升者不出，自外而入者暂住，二者相合，积而生五脏之液。"此即钟离权"匹配阴阳、气液相生"之功法及理论。此理论已被气功界汲取，并作为理论指导。

4.《灵宝毕法》还论述了气液相生与心肾水火的关系，如说道："子时乃曰坎卦,肾中气生;午时乃曰离卦,心中液生;肾到心,肾气与心相合,而太极生液,所以生液者,以气自肾中来,气中有真水,其水无形,离卦到心,接着心气,则太极而生液者。如此,心液到肾,心液与肾水相合,而太极复生于气,所以生气者,以液自心中来,液中有真气,其气无形,坎卦到肾,接著肾水,则太极而生气者如此。"(《交媾龙虎第三》),接着进一步阐明龙虎交媾即心肾水火气液相济

如曰:"肾中生气,气中有真水,心中生液,液中有真气,真水真气乃真龙真虎也。"因此,在炼丹方面提出要心液与肾气相合,即所谓"交媾龙虎"。如曰:"自然肾气与心气相合,太极生液,及坎卦心液到肾,接著肾水,自然心液与肾气相合,太极生气,以真气恋液,真水恋气,本自相合,故液中有真气,气中有真水,互相交合,相恋而下,名曰交媾龙虎。"

(二) 钟真人"聚散水火"功法及其理论

"聚散水火"功法是钟真人独特的功法之一,详述于《聚散水火》篇第二,在气功修炼方面很有借鉴价值。其理论及功法如下:

1. 提出人体气之聚散与天地阴阳变化相应。如曰:"冬至一阳生,春分阴中阳半,过此纯阳而阴尽。夏至阳太极而一阴生,秋分阳中阴半,过此纯阴而阳尽,冬至阴太极而一阳生,升降如前,上下终始。"从而指出无论在病理方面还是生理方面,天地阴阳都与人体有密切的关系。

在病理方面,"以心肾比天地,以气液比阴阳",如是从后天八卦来看,"一年之中立春比一日之时,艮卦也(丑至寅时)。肾气下传膀胱,在液中微弱,乃阳气难升之时也。一年之中,立冬比一日之时,乾卦也(戌至亥时),心液不入,将欲还元,复入肾中,乃阴盛阳绝之时也。人之致病者,惟阴阳不和,阳微阴多,故病多。"

在生理方面,阳生则气聚,阳消则气散,与八卦相应,则坎卦为阴极一阳生,到艮卦时阳气虽尚微,当值生长之际,故应养气,待迄乾卦时,阳气虽盛却易气散,又应聚气。故钟真人提出:"以日出当用

艮卦之时以养元气，……又于日入当用乾卦之时，以聚元气，"并指出不能"当艮卦气微，不知养生之端，乾卦气散，不知聚气之理。"因此钟真人十分重视人体养聚气之时一定要与天地气之聚散时辰相应，不宜违拗。

2. 钟真人介绍了聚散乃火功法的自身体验："是以日出当用艮卦之时以养元气……当披衣静坐以养其气，经念忘情，微坐导引，手脚递互伸缩三五下，使四体之气齐生，内保元气上升，以朝于心府。或咽津一两口，搓摩头面三二十次。呵出终夜壅聚恶浊之气，久而色泽充美，肌肤光润。又于日入当用乾卦之时，以聚元气，当入室静坐，咽气搐外肾，咽气者，是纳心火于下，搐外肾者，是收膀胱之气于内，使上下相合肾气之火，三火聚而为一，以补暖下丹田，无液则聚气生液，有液则炼液生气，名曰聚火，又曰太乙舍真气也，早晨咽津摩面，手足递互伸缩，名曰散火，又名小炼形也。"并曰：

艮卦阳气微，故微作导引伸缩，咽津摩面，而散火于四体，以养元气，乾卦阳气散，故咽心气，搐外肾，以合肾气，使三火聚而为一，以聚元气，故曰聚散水火，使根厚牢固也。

3.《灵宝毕法》强调要坚持炼三百日方能见效。如曰："以一岁三百日为期，旬日见验，冬颜光泽，肌肤充悦，下田温暖，小便减省，四体轻健，精神清爽，痼疾宿病，尽皆消除。"

（三）关于"金液还丹"及"玉液还丹"理论及其功法

《灵宝毕法》记述了对炼丹中的金液还丹及玉液还丹的亲身体验。

金液还丹及玉液还丹是指炼内丹采药时将口中金浆玉液送入下丹田炁海的功法。记载于该书《玉液还丹第六》及《玉液还丹第七》。

1. "玉液还丹"理论及其功法：

所谓玉液指肾液，是由肾气上升于心的津液。玉液还丹为由肾气上升到心的津液，与心气相合后，二气相交下过重楼（喉部），咽之经中丹田而还入丹田，谓之玉液还丹。如还丹后，津气再升之，上濡于四肢周体，则又称玉液炼形。

如曰：

> 所谓玉液者，本自肾气上升而到于心，以合心气，二气相交而过重楼，闭口不出，而津满玉池，咽之，而曰玉液还丹。升之而曰玉液炼形。玉液还丹的功法具体为：
>
> 咽法者，以舌抵上腭两颊之间，先咽了恶浊之津，次退舌尖以满，玉池津生，不嗽而咽……如牙齿玉池之间而津不生，但以舌满上下而闭玉池，收两颊，以虚咽而为法，止于咽气，气中自有水也，乃玉液还丹之法。

此外，《灵宝毕法》还指出玉液还丹须择时进行，即年中择月，月中择日，日中择时。如曰："凡春三月，肝气旺而脾气弱，咽法日用离卦，凡夏三月，心气旺而肺气弱，咽法日用巽卦，凡秋三月，肺气旺而肝气弱，咽法日用艮卦，凡冬三月，肾气旺而心气弱，咽法日用震卦，凡四季之月，脾气旺而肾气弱，人以肾气为根源。"即以四季和八卦相配应，以其阴阳消长变化作为炼丹择日的依据。

2. "金液还丹"理论及其功法：

所谓金液，指肺液，是肾气合心气蒸熏于肺（金）而成的津液。金液的产生过程是由下丹田自尾闾穴升上，入泥丸脑宫，然后又自上下降而入于下丹田，则谓之金液还丹。如又从下丹田复升，熏蒸四体布运全身，则为金液炼形。如曰：

> 所谓金液者，肾气合心气而不上升，熏蒸于肺，肺为华盖，下罩二气，即日而取肺液，在下田自尾闾穴升上，乃曰飞金晶入脑中，以补泥丸之宫，自上复下降，而入下田；乃曰金液还丹，既还下田复生，遍满四体前复上升，乃曰金液炼形。

再如：

> 直解曰：金液，肺液也，含龙虎而入下田，则大药将成，谓之金液，肘后抽之入脑，自上复降下田，则曰还丹，又复前升，遍满四体，自下而上，则曰炼形，亦谓之炼形成气。

关于金液还丹的具体功法，《灵宝毕法》作了详尽的介绍，总的原则是金液还丹比玉液还丹复杂，必须经过"采药"透过尾闾关上至泥丸（脑）的过程。如曰：

> 才觉火起，正坐绝念，忘情内现，的确艮卦飞金晶入顶，但略昂头偃项，放令颈下如火，方点头向前，低头曲项，退舌尖进后以抵上腭，上有清冷之水，味若甘香，上彻顶门，下通百脉，鼻中自闻一种真香，舌上亦有奇味，不嗽而咽，下还黄庭，名曰金液还丹。

五、《无极图》的内丹修炼启示

陈抟《无极图》仅用五个极简单的图，即把整个道家内丹术的五个修炼过程作了明确的表述，显示了高度的浓缩力。作者陈抟自幼习儒，精通易理，作《无极图》便是从太极图得到的启示，尤其是受《易经》八卦符号的影响。《易经》八卦是符号文学的鼻祖，八卦是符号，阴爻"--"，阳爻"—"是原符号。继八卦之后出现的太极图、河图洛书则是对八卦符号的补充和发展。

陈抟《无极图》是吸取了八卦和太极图、河图洛书而创作的，取坎填离图充分融合了坎离二卦的阴阳爻关系。五气朝元图则接受了河图洛书的五行关系。

《无极图》对内丹五个修炼阶段的精辟缩写，说明以八卦为代表的符号文化的价值是相当高的，是值得发掘的。《无极图》是道丹修炼的符号代表，集中体现了内丹修炼术，具有很高的学术价值，其执简驭繁和丰富信息量的优势,是颇值得弘扬的。

(一) 第一图,玄牝之门(得窍)

"玄牝之门"出于《老子》六章:"谷神不死,是谓玄牝,玄牝之门,是谓天地根。"谷,虚也,广袤之意。神,《易》曰:"阴阳不测之谓神",指变化无穷。玄牝之门,玄,《道德经》曰:"玄之又玄,众妙之门。"(一章)

扬雄:"玄者,幽离万类而不见形者也"。(《太玄》)玄,又黑也,故概括之,玄指无限幽深妙奥。牝,雌性之意,《书经·牧誓》:"牝鸡无晨",又作虚空之意,如《大戴礼记·易本命》曰:"丘陵为牡,溪谷为牝。"故又为虚牝。引申为"母",故玄牝之门则指产生无限生机之门,为生命之所系,故曰:"天地根。"

广而言之指日月星辰、宇宙天体的运动是产生万物生机的根源,正如《易经》所言:易有太极,是生两仪,两仪生四象,四象生八卦。亦如《道德经》之语:"道生一,一生二,二生三,三生万物",故玄牝之门即是"太极",也即是"道",乃无穷无尽生机之母,万化之源。《易经》所言:"生生之谓易"即是此意,言万道生机在于阴阳的运动变化。

于人体而言,玄牝之门指生命的根源,即真水真火之源,亦即人身命门,中医学经典著作《难经·三十六难》曰:"命门者,诸神精之所舍,原气之所系也,男子以藏精,女子以系胞",即言命门水火关系于人之生死存亡。明代大医学家张景岳亦曰:"命门为元气之根,为水火之宅,五脏之阴气非此不能滋,五脏之阳气非此不能发。"(《景岳全书·传忠录·命门余义》)尤其引《易》理作了精湛的论述:

> 命门有生气,即乾元不息之几也,无生则息矣,盖阳主动,阴主静,阳主升、阴主降,惟动惟升,所以阳得生气,惟静惟降所以阴得死气,故乾元之气始于下而盛于上,升则向生也,坤元之气始于上而盛于下,降则向死也,故阳生子中而前升后降,阴生午中而前降后

升。(《景岳全书·传忠录下·命门余义》)

从而完备了以元阴元阳为五根的命门理论。由于命门水火系一身五脏六经之阴阳，故受到历代医家的重视，命门理论也逐渐发展为命门学说，成为中医学基础理论的重要部分，足见命门在人身中的地位。

《无极图》"玄牝之门"实即人身命门，乃真水真火之根、真阴真阳之源，故为道丹修炼的根基，金丹返还之宅，和医学命门为五脏六腑之本相吻合，说明道家修炼扎根于"玄牝之门"不无道理。

得窍：

得窍即守窍，守一，指丹家炼己筑基的部位。丹家守窍即指沉思意守，大多指下丹田（炁穴）脐下一寸三分，相当于任脉的下炁海穴。也有意守上丹田泥丸的，主要为闭目静虑，放下万缘意念引气下沉丹田，然后凝神人炁穴直至丹田暖热（生药）为止。

选择守下丹田的原因在于：

第一，下丹田为生命之门，关系着生命的存亡。

第二，意沉下丹田可以顺导离火下降下交于坎，有助于水火即济、坎离交泰。

第三，守下丹田，由于气随意念下移而非上逆，故易于做到顺其自然。

此外，也有三窍同守，或童贞未破（未遗泄前）守上丹田，童贞已破守下丹田者。

得窍为守窍"得炁"、"入神"的程度，所谓"得炁"指丹田处气海微动，小腹微热，药炁将生时。"入神"指意守由沉思定念逐渐进入到忘我的阶段。如获得这二境象时谓之得窍，即已进入玄牝之门，标志着炼内丹的第一阶段炼己筑基已经完成。因此《无极图》的第一图是炼丹的第一阶段，即筑基炼己的完成。

如果在守窍过程中"得窍"不顺利，则可配合守祖窍内照景及开天目以助入玄牝之门。

内照法即将意念上移至上丹田守泥丸宫,至脑宫出现"月光",则依次从上丹田、中丹田下照至下丹田,即洗海、洗心、靖海,随着"月光"的下移可逐渐"得窍"。

开天目即意守两目间的眉心,并用意念将两目光逐渐交会于眉心点(即梵天∴形,三点),久之则光耀如日谓之开天目。

守祖窍,祖窍又谓之山根(两目间鼻根处),因为太虚天气与肺气相通之窍,故守之有气透泥丸,通达三丹田之效。

(二)《无极图》第二图炼精化气、炼气化神(炼己)

此阶段为内丹修炼的第二阶段,即"炼己"阶段,炼己即炼药。包括采药、运药,药即元精、元厢、元神,炼精化气,炼气化神,炼药即指由精到气、由气到神的过程。是炼丹的物质准备。

这个阶段又分为炼精化气及炼气化神两个阶段。

炼精化气阶段:

精气神为人身三宝,是生命活动的基本要素,三者为不可分割的统一体,其关系为气生精,精化为气,气能生神,神又生精气,故三者互为依存,因此修炼也必须是统一的,不可分割的。

修精气神的要义在于把后天精气神返还为先天精气神,后天精气神本为先天精气神之用,先天精气神为之体。为什么要返还?因为先天精气神是善藏的,而后天精气神则是易散的。所谓返还主要是指加强精气神的贮备,减少耗散,返还的途径则是"炼己",炼己即是炼离,按照八卦纳甲原理,离卦和己相配,故炼己即指炼心。

"炼精化气、炼气化神"是返还的初级阶段,"炼神还虚、炼虚合道"则为返还的高级阶段。初级阶段为"圣胎"的结成,高级阶段则为"婴儿"至真仙子升天的过程。

炼精化气、炼气化神的过程即是还精补脑的过程,此过程的修炼要旨在于生药、采药及运药。生药境象为筑基过程中出现的一种炁生现象。即如丹书所说:

恍惚之时不觉忽然真机自动，阳物勃然而举此即先天之炁也。

——《金仙证论》

出现上述生炁境象（生药时刻）应即刻起身进行河车搬运（采药、运药），即用意念勒住阳关（精关）使元精过三关（尾闾关、夹脊关、玉枕关）上达泥丸，至脑顶昆仑，然后从任脉下降经中丹田（心宫）还入下丹田（命门）进行封固（封药），又称周天功。

在此过程中，由于离（心）起着重要的作用，故称"炼己"。

第一，必须先"灭心"（止念、定虑、去妄）才能"见性"（生药），即先筑基安神方能使真性（元精、元炁、元神）发生作用，正如丹家所说："心灭则性现。"（王重阳《授丹阳二十四诀》）真性发生作用时，才可达到"精满不思淫、炁满不思食、神满不思睡"的境界。

第二，"炼己"的第二重要作用在于修炼精气神过程中的火候的作用，火即心神亦即意念，候即在意念支配下的呼吸强弱，具体为升督闯三关时须用武火，降任返丹田时则用文火，文、武二候的调控，全决定于离己（心神）的作用，故须"炼己"。

第三，"炼己"的第三重要作用在于还精补脑，目的在于"神气化神"，离己为心神，实即为脑，还精的目的即在于先补脑，然后再下贮丹田，脑为一身的主宰，故作为修炼的重心。

以上为《无极图》第二图的主要奥义，亦即标志着内丹修炼的初级阶段，亦即变后天精气神为先天精气神的阶段，效果正如丹家所言："炼先天之精，而交感之精自不泄漏；炼先天之炁，而呼吸之气自然调和，炼先天之神，而思虑之神自然安定。"（刘一明《修真辨难》）

（三）《无极图》第三图五气朝元（和合）奥义

五气，天有五行，人有五脏，皆为五气所注。五气即：金、木、水、火、土五气。五气来源于五行学说，五行元素最早仍然应溯源于《易经》。《易经》八卦即寓含了五行元素，如乾卦（金）；坤、艮卦（土）；坎卦

（水），离卦（火）；巽、震卦（木），如《易·说卦》曰："乾为金，坤为地（土），巽为木、为风，坎为水，离为火。"

《尚书·洪范》对五行作了进一步阐述，如曰："木曰曲直，火曰炎上，土曰稼穑，金曰从革，水曰润下。"《国语·郑语》明确阐述了五行与万物的关系，如曰："故先王以土与金、木、水、火等，以成百物。"五气是从阴阳二仪衍生而来的，正如《性命圭旨》所说："一气初判而列二仪，二仪定位而分五常。"故五行实际上是阴阳的具体之用。

> **杨力启示**
>
> 中医学在《易经》和《尚书》的基础上，对古代五行观念作了重要的发展，中医学把自然界五气和人体五脏相对应，即心火、肾水、肺金、脾土、肝木。并以五行生、克制约规律来维持五脏之间的协调关系，从而创立了中医五行学说，并贯穿于中医的理论方法之中，中医五行学说和阴阳学说一起成为中医理论的中流砥柱。

五气朝元是五行理论在内丹修炼术中的应用，是内炼五脏的代称。

五气朝元包括三个主要修炼内容：

何谓朝元？朝元即归元，指修炼五脏元气，使之藏而不妄泄，如《性命圭旨》所曰："盖身不动则精固而水朝元，心不动则气固而火朝元，真性寂则魂藏而木朝元，忘情忘则魄伏而金朝元，四大安和则意定而土朝元。"

第一，守下丹田得戊土气：使五气得受戊土之气，因下丹田位于腹中，内通脾土之气，故意守下丹田，可使五脏秉受中土之气，而增强功德。正如《性命圭旨》所曰："金得土则生木，木得土则生旺，水得土则止，火得土则息。"

第二，守五官藏五气：五官眼、耳、鼻、口、舌分别为五脏肝、肾、肺、脾、心的外象，守五官可起到止妄念而气归还五脏之作用。正如丹书所说："盖眼既不视，魂自归肝；耳既不听，精自归肾；舌既不声，神自归心；鼻既不香，魄自归肺；四肢既不动，意自归脾。"

第三，守五神藏：守五神藏是五气朝元的重要内容。所谓五神藏是指五脏分管五神，即心藏神、肝藏魂、脾藏意、肺藏魄、肾藏志。中医五神藏的特色在于神魂虽然主宰于心，却分管于五脏，非心所独主。故守五神藏是五气朝元的必修手段。正如丹家所告诫的："魂在肝而不从眼漏，魄在肺而不从鼻漏，神在心而不从口漏，精在肾而不从耳漏，意在脾而不从四肢孔窍漏，五者皆无漏矣，则精、神、魂、魄、意相与混融，化为一气，而聚于丹田也。"

合和：

指五脏之气经过修炼之后，聚于丹田，和合而成"圣胎"，此为内丹修炼的第三阶段，即经过以土为中心的五气修炼，最后归聚于下丹田。

（四）《无极图》第四图，取坎填离（得药）

《无极图》第四图取坎填离（得药）是内丹修炼的重要阶段，是后天精气神返先天精气神的关键。所谓取坎填离即指取坎主中的阳爻填补离三卦，从而使出生后全阳全阴被破坏了的乾☰坤☷二卦得以恢复。即：坎☵→离☲→乾☰，离☲→坎☵→坤☷。如是则后天坎离，还复为先天乾坤的阴阳大圆满。

正如《性命圭旨》所曰："龙居南方离火之内，而离中阴爻原属于坤，混沌颠落之后，坤因含受挚育，得配于乾坤之中爻实而为坎，坎木铅舍，故曰离中玄女是铅家也……圣人以意为黄婆，引坎内黄易，配离中玄女，夫妻一媾，即变纯乾，谓之取坎填离，复我先天本体。"故《悟真篇》所云取坎内中心实点化离宫腹内阴，正此义也。

取坎填离的关键在于水火，水藏于肾，火蓄于心，水升火降坎离既济，升肾水实则升肾阳，坎中一阳温升上济故也；降心火实则降心阴，离中一阴下交是也。

由于离为心，主神，坎为肾，藏精，故取坎填离实际则为还精补脑。

得药：

得药即指内丹修炼的生药、采药、炼药及还丹封药。即经过筑基炼己后，下丹田微热欲动，阳物勃起，心神似醉，即为药生景象。此时急用武火经任督周天后将药送于上丹田泥丸，再归还于下丹田炁海，中途经过勒紧阳关（精关）、闯三关（尾闾关、夹脊关、玉枕关）上达乾鼎，起到还精补脑的作用。

三百次后进入炼气化神阶段，此阶段已度过初关（炼精化气阶段）而达到中关，此后，鼎由上丹田泥丸下移至中丹田黄庭，此时精气神的修炼亦已由精炼至气，并进入炼神的阶段。这个时期圣胎已渐形成，金丹已渐修成，"婴儿"逐渐显现。

（五）《无极图》第五图炼神还虚复归无极（脱胎求仙）

炼神还虚、复归无极属于修性阶段，是道家内丹修炼的最高境界。还虚指还归于太虚也，就是指"炼精化气、合三为二，炼气化神合二为一"，一即元神，还归于宇宙大自然之中，和《道德经》的"道生一，一生二，二生三，三生万物"恰好相逆，即所谓"顺则凡，逆则仙"之意。

还虚即返还于《道德经》的"道"、《易经》的"无极"（捆组）阶段，就是所谓的返朴归真。如《道德经》所言："复归于朴"，"复归于无极"即超越自我与道合一。

脱胎求仙：

指从"婴儿"成长为真仙子的过程，要能达到真仙子升天，必须既能超越精神自我，又能超越自我躯壳（形体）。即首先在精神意识（神）方面突破我与大自然的界限，与道合一，其次在形方面要能离开凡体而与天地永存。

六、《悟真篇》内丹奥秘

（一）《悟真篇》以人体作为修炼鼎炉

《悟真篇》直接把人身喻为鼎炉，并作为内丹修炼的真鼎炉，如曰：

> 先把乾坤为鼎炉，次将乌兔药来烹。
> 既驱二物归黄道，争得金丹不解生。

即把头部的泥丸宫作乾鼎，腹部下丹田炁海作坤釜，将乌（金乌、日）和兔（月）比喻为坎离心肾水火，作为药物烹炼，把元精、气顺着大小周天（黄道）进行河车搬运，内炼结丹。

《悟真篇》还强调要用真火烧炼，如曰：

> 自有天然真火育，何须柴炭及吹嘘。

所谓真火指丹田元真之炁，即坎阳发动一阳生之谓。

此外，张伯端还特别关照，有了真炉灶、真火还须有真药，不能烧空锅。如曰：

> 鼎内若无真种子，犹将水火煮空铛。

真种子即真药，指坎阳发动一阳生时产生的药：元精、元炁、元神。这时须及时采药以之运炼。张伯端还强调要用真铅（心元炁元神）、真汞（肾元精元炁），故真铅真汞即指先天之元精、元炁、元神，是需要作为真种子保存的炼丹药物。

杨力启示

上述说明《悟真篇》强调炼丹的一切都必须"真"而非"凡"。所谓"真"有两含义：一指自身，意在突出内丹修炼靠自身，二在注重先天，即先天的元炁是真火，元精是真种子、真药。故保护先天的元精、元炁、元神是内丹修炼自始至终的真谛。

（二）《悟真篇》注重活子时、活火候及活河车

《悟真篇》强调人是活的生灵，因此采药的子时，炼药的火候以及运

药的河车（周期）都应是"活"的。所谓"活"，即遵循自然界的阴阳变化及人体的自然变化，因势利导进行修炼即为"活"。如曰：

> 要知产药川源处，只在西南是本乡，
> 铅遇癸生须急采，金逢望后不堪尝。
> 送归土釜牢封固，次入流珠厮配当。
> 药重一斤须二八，调停火候托阴阳。

即指出坤卦属脾土之乡，位居西南方，腹部丹田是产药之源。"铅遇癸生须急采"意在突出"癸生急采"。所谓癸生，癸为癸水乃坎中真水，癸生意味着天癸萌动，精气欲走，此即癸生时，是谓生药景象。

何时生药则何时采药，抓住生药时机采药，这便是《悟真篇》强调的铅遇癸生须急采，亦即"活子时"。即但觉丹田处微热欲动，立即采药搬运，药既不宜老，也不宜嫩，太老则已还原为后天之精，太嫩则药力不足。

此外，强调"调停火候托阴阳"，即言炼药、封药的火候掌握也应是灵活的，应以自然界阴阳的消长变化为火候进退的尺度，即所谓"活火候"。自然界的阴阳消长虽有"正子时"及"正午时"的划分，但也应以人体本身的阴阳消长为准则。

选择个体自己的最佳河车搬运周期，即一天之中，自己最容易发动阳气的时候，即升督脉。当阳动已经平息须要进宅温养，即炼精化炁的过程即将完成则降任脉。其中升降、过桥、闯关的运药过程尤要以人体的阴阳消长状态为依据，此即所谓"活河车"。

（三）《悟真篇》生、运、固的炁化修炼

《悟真篇》内丹术十分注重炁化，炁为先天之元炁，气为后天之精气，张伯端既注重保护自身中的先天元炁，又强调从宇宙自然界调动后天之气，以调整自体的阴阳，如曰：

> 安炉立鼎法乾坤，煅炼精华别魄魂，
> 聚散氤氲成变化，敢将元妙等闲论。

其中，"聚散氤氲成变化"即指以人体作为鼎炉，在内进行炼精化炁、炼炁化神的炁化活动。再如：

> 道自虚无生一气，便从一气产阴阳。
> 阴阳再合成三体，三体重生万物昌。

即认为宇宙万物最早来源于天地阴阳之气，天地阴阳之气又产生于太虚元气，此为人体内炼外炁的来源。内炁与外气相合，上下水火相济即坎中真阳发动，乾阳真火下照，先后二天之气相聚则自然成丹炼结。此即所谓：

> 坎电烹轰金水万，火发昆仑阴与阳，
> 二物若还和合了，自然丹熟遍身香。

此外，张伯端不仅崇尚自然，还倾向佛学，并汲取佛家修心性及禅修于炼神还虚，故《悟真篇》中的一些思想是参同了佛教的，浸透着佛学的观点。如《禅宗歌颂诗曲杂言》、《禅定指迷歌》等都是汲取了道学的言论。

七、《慧命经》的内丹奥秘

（一）引进佛家修心性理论增强了道丹的性命观

《慧命经》汲取了佛家修心性的观点，以较多的篇章对丹家炼心作了论述，丰富了道家内丹的修"性"的内容，是对道丹修性的发展。如：

第一，以"九层炼心"精辟地论述了炼心的九个阶段。

如曰："初层炼心者，是炼未纯之心也，二层炼心者，是炼人定之心也，三层炼心者，是炼未复之心也，四层炼心者，是炼退藏之心也，五层炼心者，是炼筑基之心也，六层炼心者，是炼了性之心也，七层炼心者，是炼已明之心也，八层炼心者，是炼已伏之心也，九层炼心者，是炼已灵之心也。"（《九层炼心》）

第二，把"性命"喻为"禅机"。

如曰："夫既曰性命而又曰禅机者何也"，注曰："心静者为禅也，肾动者为机也"，又言"静默而寂照之又曰禅矣，斯谓之心目所在。"柳华阳把佛家禅机引进道丹修性命之中，意在强调道丹修心性的重要性。

第三，引进佛学空观思想制还虚图。

柳华阳深受佛学影响在道家"虚"的基础上又吸收了佛家的"空"观，所制《虚空粉碎图》（《还虚图》），体现了道丹修性的最高境界。如辞曰："一片光辉周法界，虚空明彻天心耀，双忘寂净最灵虚，海水澄清潭月溶。"

（二）对"慧命根"的修炼

《慧命经》炼丹的特色在于修"慧命根"。所谓"慧命根"被该书重点论述于首篇漏尽图中，慧命根即慧命之源，慧命即性命，性者神也，命者气也，乃水火与心肾相合所成之神炁藏之于命门炁海，是谓真种也。如《漏尽图》曰：将我之神炁入于此窍之内，合而为一以成真种。如图93。

"慧命根"如柳华阳自述：

性命风火与物，并而同用，心肾相合即是性命合一。命者根于肾，肾动则水也，性者根于心，心动则火也。以火入于水中则慧命不致外耗，以风吹火变化而成真种。

"慧命根"乃性命归一之宅，元精生于此，也漏尽于此，漏尽即为凡，珍藏即为仙。故《漏尽图》说："父母未生此身受孕之时先生此窍，而性命实寓于其中，二物相融合而为一，融融郁郁似炉中之火种。"

对"慧命根"的重要性,《漏尽图》强调:"真种由此而坏,漏尽由此而成,舍利由此而炼,大道由此而成。"从而强调要勤修"慧命根"。如《漏尽图》曰:"欲成漏尽金刚体,定照莫离欢喜地,勤造烹蒸慧命根,时将真我隐藏居。"

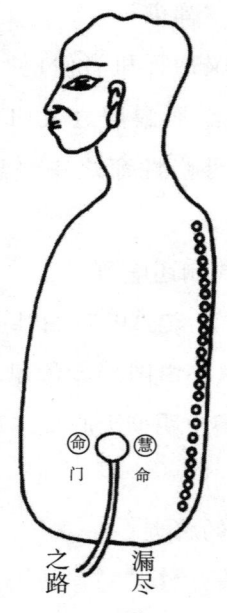

图93　漏尽图(据《慧命经》)

此外,还指出了"慧命根"是一种似有似无的炁穴,所谓"炁发则成窍,机息则渺茫,乃藏真之所,修性命之坛。"尤其可贵的是,柳真人强调性命即在自身中。如曰:"凡圣由此而起,不修此道而另修别务是无所益也,所以千门万户知此窍内有意命主宰,向外寻求,费尽心机,无所成矣",重申了内丹修炼须走正道的思想。

(三)对阴跷脉修炼的独见

《慧命经》的成就之一还在于对大周天功的发挥,其在《后天串述》及《张紫阳八脉经》中作阐述,突出论述了大周天功在内丹修炼中的重要性。

柳真人重点阐述了奇经八脉在周天功中的意义,尤其对阴跷脉极为重视,作了独特的阐述。

首先，柳真人指出阴跷脉的部位"在囊下"，其功能为"上通泥丸，下透涌泉，真气聚散皆从此关窍、尻脉周流，一身贯通，和炁上朝，阳长阴消"，从而提出人有八脉，即奇经八脉。

"冲脉在脑后，任脉在脐前，督脉在脐后，带脉在腹，阴跷在囊下，阳骄在尾闾。"阴跷脉属阴，神闭而不开，惟神仙以阳气冲开，故能得道，采阳气惟在阴跷之先，并视阴跷脉为生炁之源，即所谓"阴跷一脉逐日生人之元炁也。"

因此，炼丹时主张"调息者，调度阴跷之息，与吾心中之气，相会于神凝气穴之中也。"以及"调息者，以气合气，何待强为只要凝神入气穴，神光下照阴跷脉不期而会者，一气之感通自然而然也。"

考阴跷脉属中医经络奇经八脉之一，其循行部位如《灵枢·脉度篇》所曰："跷脉者，少阴（肾）之别，起于然骨之后，上内踝之上，直上循阴股入阴，上循胸里，入缺盆，上出人迎之前，人顺，属目内眦，合于太阳阳明而上行，气并相还，则为濡目。气不荣，则目不合。"

又据《奇经八脉考》，阴跷脉还"与手足太阳，足阳明，阳迹五脉会于晴明而上行"。并且"至喉咙，交贯冲脉"，阴跷脉通过足少阴，经脉下通涌泉，上达泥丸，交贯一身阴阳之气，尤其还作为阴脉与阳脉之间的桥梁通行卫气于全身。足见阴跷脉的生理作用之重要，柳真人如此重视实不无道理。（如图）

八、《金仙论证》的内丹奥秘

小周天专论

《金仙论证》是关于小周天的专论，全书尽言小周天功法，包括小周天的药

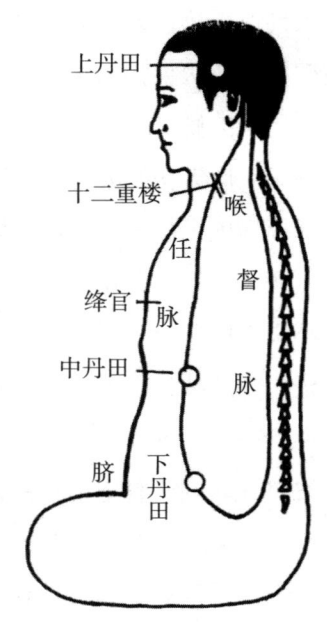

图94　任督二脉（据《慧命经》）

物直论、小周天鼎炉直论等、小周天功的火候论述及小周天任督论等，皆有所阐发。如：

小周天药物直论：

关于小周天药物，《金仙论证》曰："药物既根于元精又曰元炁，此炁从禀受隐藏于炁穴（丹田）及年壮炁动，却有向外拱关变化之机者"，即指出精有静为元炁，动为元精之变，从而提出采药炼丹要义在于"取此变化之机，回光返照，凝神入炁穴（丹田）则炁亦随神还矣"。所谓"变化之机"，《金仙论证》指出在于静而生动（"神之静虚炁则生矣"），静则神也，动则炁也。故曰："冲虚谓之动而觉，此时即药炁之辨机，不令其顺而逆之。"

小周天鼎器直论：

在小周天鼎器直论篇里，《金仙证论》强调鼎器即在自身之中，即"以神炁二者薰蒸封固喻之曰炉鼎"，鄙斥了"以女人为鼎以淫媚为乐，取男淫精女淫水败血为服食补身接命"的邪道，并且还抨击了外丹以铅汞炼烧为炉鼎的迷途。如曰："炼外丹者以铅汞烧之炉鼎也，悟之则在一身迷之堕入别途，故世因炉鼎之喻而惑者众矣"，坚决主张炼丹鼎炉即在自身，所谓"神则为火而炁为炉"，"乾坤为鼎器"这种观点无疑是十分积极的。

小周天火候论：

关于小周天功的火候，《金仙论证》以《风火经》进行了专论，对火候的掌握提出了精湛的见解，如提出"或显于火而秘于风，或显于风而秘于火"等，全篇充分论述了"风火化精"之秘机（详见上节）。

小周天任督论：

任、督二脉为小周天功炼运药物的主要渠道，但对任督二脉的具体路线各说不一，大多数是按照中医经络学说的任督路线进行搬运。

按照《素问·骨空论》的观点，"任脉者，起于中极之下，以上毛际、循腹里、上关元，至喉、上颐、循面入目"，"督脉者，起于小腹以下骨中央。女子入系廷孔，其孔、溺孔之端也。其络循阴器，合篡间，绕篡后，别绕臀；至少阴与区阳中络者合，少阴上股内后廉，贯脊、属肾，与太阳起于目内眦，上额交巅，上入络脑，还出别下项，循肩膊，内挟脊，抵腰中，人循膂，络肾。其男子循茎下至篡，与女子等，至少腹直上者贯脐中央，上贯心入喉，上颐环唇，上系两目之下中央。"

即任脉督脉皆同源于会阴，然后分别从人体前后中央上行，任脉经毛际→腹→关元→咽喉→颐→面→目下，上界止于目下。督脉则并于脊里，上至风府，人脑→上巅→循额→下至鼻柱。

柳华阳根据自身练功体验，认为"督脉在脊骨外，任脉止于上下唇，皆为俗医之妄指"，他自己另作一任督脉循行图，并指出，"岂知仙家说任督，实亲自在脉中所行过以为证验，非但行一回也，金丹神气之玄妙，必要在脉中所行过数百回，方得成就"。见下图。

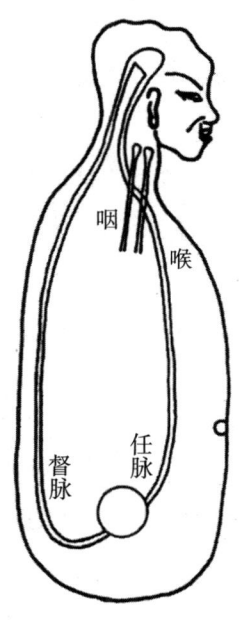

图95　任督脉运行图

九、《性命圭旨》的内丹奥秘

（一）《性命圭旨》"尽性了命"的启示

《性命圭旨》尽性了命说是对《易经》性命理论的精辟发挥，其重要启示在于根据命在于天，性在于人，命无性不立，性无命无存的理论。

人的命（元精、元炁、元神）是先天而来的，藏之于肾是有限的，在一生中，前半生与后半生的比是由强到弱，如小孩与老头相比，小孩形体虽小却阳气盛，如一团火，老人形体虽大却阳气已渐尽，如一块冰，因此前半生要保护元命（元精、炁、神），因为乾坤已破，精气已外漏，而心性尚未全现，故必须不断地还精补脑，炼精化炁，炼气化神，即"方其始也，以命而取"。

后半生心性已全，已经能主宰自己的生命，而元命已经耗损的多了，且难以补回。因此，必须以无限的心性去应有限的元命，即收心、止念、息欲、炼神还虚。尽量的增强意志，去除私欲妄念，才能减少元命的耗损，保护住有限的元命，此即所谓"性全矣，又以性而安命"，"尽性然后能了命。"

（二）"法轮自转"周天功及其启示

大多数丹书及丹家皆以升督降任为周天功，《性命圭旨》则独创腹部转法轮为周天功。

法轮即周天，为佛家术语，被《性命圭旨》借用之，《性命圭旨》法轮自转理论源于《易经》。如曰：

> 儒家谓之行庭，行庭者，天行健之行也，天之行也，日一周天何其健与若吾身亦一小天地者，周天之行健也，易曰天行健君子以自强不息。

即借鉴《易经》"天行健"理论于炼丹修炼，"天行健"即"生生之谓易"，是"生命在于运动"，运动产生生命的缩影。"转法轮"是在意念支配下的周天（圆周）运动。《性命圭旨》"转法轮"是一种独到的内丹周天。

心法在于把自己作为一个小宇宙，以太极为核心，太极如自身中的黄庭（太阳），五脏之气如星月围其旋转不穷。正如《易·系辞》所言："日月相推而明生焉，寒暑相推而岁成焉，屈伸相感而利生焉。"方法是：

用意念引气旋转，由中而达外，由小而至大，口中默念十二字诀曰：白虎隐于东方，青龙潜于西方，一句一圈，数至三十六遍而止，及至收回从外而旋内，从大而至小亦念诀曰：青龙潜于西方，白虎隐于东方，亦数三十六遍，复归太极而止，是为一周天也，久则不必用意，自然璇玑不停，法轮自转。

如下图。

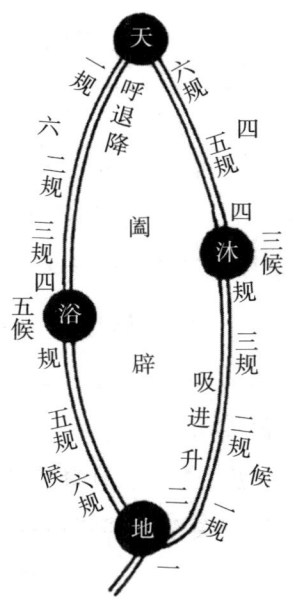

图 96　法轮自转图

《性命圭旨》之所以不法前贤用前升后降的任督周天功，而采用旋腹的法轮自转功，原因正如原文所说："心中之仁安于中心之中而为土中者，以敦养之自有消息真机而身心性命相为混合矣。"即取其中土为先后天之枢纽，人体敦养之根基。

其重要启示在于中土（脾胃）为气血生化之源，先后天之枢纽，又系三阴（肝、脾、肾）之宅，后天之本，是人身举足轻重的部位。故把修炼重心移至腹部有很大的意义。从人身性命的观点来看，人出生以后，元命（元精、元炁、元神）在不断地损耗外漏，故道丹竭力进行"采药"、"封药"以之固护，是完全必要的，但先天之精毕竟是有限的，既失漏则难以再补回。

因此，必须加强后天之精的来源，按照先后天的互根关系，这条途径确实是十分重要的。另一方面，腹部为三阴（肝、脾、肾）的基地，除心脑肺之外，几乎所有的重要脏器皆集中腹部，所以道丹把"药"封于下丹田（脐下三寸）并非没有缘故，而《性命圭旨》把周天功定于腹部，亦确实必要。

杨力启示

这就提示我们要加强腹部锻炼，除意守丹田、法转轮功等腹部静功之外，还要进行腹部动功，包括腹部的缩收、屈伸、按摩及叩击等，以促进腹部血循，改善腹部脏器的功能，要使腹部成为产生及贮备精气的地方，而不能成为废物（包括脂肪）堆积之处所。

（三）"逆顺三关"的启示

道丹的"逆顺三关"，"逆三关"指升督脉的尾闾关、夹脊关及玉枕关三道关卡，又称后三关；"顺三关"为降任脉的入三宫，即入脑宫（上丹田、泥丸），入心宫（中丹田、绛宫），入肾宫（下丹田、炁海），又称"前三关"。过后三关时易受到阻力，要意强气足方能通过。入"前三关"时，心猿易散，须收意止念才能进入。故过后三关要气足，入前三关要念静。

《性命圭旨》的逆顺三关，主要是突出前三关，即上关（泥丸宫）、中关（心宫）、下关（下丹田）。尤其突出上关脑宫，并强调是"炼神还虚"、"炼虚合道"的关键；因此《圭旨》以心性（泥丸）的妄念与止念，有为与无为作为逆顺的标志。如曰:"顺:心生于性,意生于心,意转为情,情生为妄,故灵润禅师曰:只因一念妄现出万般形。逆:捡妄回情,情返为意,摄意安心,心归性地,故伯阳真人曰金来,归性初乃得称还丹。"

根据道丹"顺则凡,逆则仙"的理论,《圭旨》则强调纵欲妄念是为顺,摄意念心方为逆,从而提出心性顿修法。即先修上一关,先从心性炼神还虚、炼虚合道的高层次入手,不必拘泥于"炼精化炁炼炁化神"的渐修法,所谓"修上一关,兼下二关者,顿法也"。实际上为先性后命的修法。说明《性命圭旨》是极为重视修性的。

杨力启示

《性命圭旨》的"逆顺三关"启示在于提出精神修养、道德修养在摄生延命中的重要意义。正如《圭旨》所言:"关尹子忘精神而超生之旨也。"《顺逆三图说》)我国的养生思想自古以来就是比较重精神修养和道德修养的。如孔子早就强调"仁者寿",老子主张少思寡欲,精神(心性)是生命的主宰,只有精神豁达、胸襟广阔、道德高尚的人才能真正长寿。

(四)"安神祖窍"及其启示

祖窍,是道丹修炼守窍的一个要害功法。祖窍即玄关,即《道德经》玄武之门。(《道德经》一章:"玄之又玄,众妙之门。")玄,深远也,即无边无际无形无象的众妙之门,既不在人体的某一部位,亦非炼丹的某一时刻,既非眉间,亦不是泥丸或下丹田,更不是生药的"活子时"。

玄关是道丹修炼过程中进入最高境界,通向成仙隧道的那一刹那,确是一玄奥的关卡,《性命圭旨》以易理对玄关祖窍进行了发微。如曰:

易曰周流六虚，然周流于六虚之外，而非不足，退藏于一身之窍，而非有余，故曰一窍能纳太虚空中。

故《性命圭旨》引紫阳张真人金丹序云："此窍非凡窍，乾坤共合成名为神气穴，内有坎离精，莹蟾李真人道德颂云辟阖应乾坤，斯为玄牝门，自从无出入，三界独称尊。"足见玄关确非凡窍。既不是身上的某一具体部位，但又不离人身，即修持到一定程度时的神境通应，"如赫赫日轮从祖窍之内一涌而出，化为万道霞光，直贯于九天之上。"（《性命圭旨》第九节，本体虚空超出三界）

这个境界指的是道家"炼神还虚"、"炼神合道"的境界，具体为把自身还归于真朴的太虚，与"天地合德与太虚同体"。（成仙）

所谓"心之虚空而通于身之虚空，身之虚空而通于天地之虚空，天地之虚空而通于太虚之虚空"（第八节移神内院端拱冥心），相当于儒教的仁人、圣人，佛教的菩萨、成佛境界。

玄关开窍即神境通应的一刹那，如同佛教的顿悟慧开，禅宗的入禅见性，故《性命圭旨》说，修丹之士，不明祖窍，则真息不住，而神化无基，药物不全而大丹不结，盖此窍是总持之门，万法之都。

《性命圭旨》尤其强调通玄关，必须守窍，所谓守窍即抱一，就是要虚其心，空其念，坚持守窍，才能通玄关，达到神境通应、人与天道合一的最终修持目的。

杨力启示

《性命圭旨》玄关守窍的启示在于，无论做什么事必须功夫深，才能达到高层次境界，道家修持强调"守窍抱一"才能通"玄关"，借鉴于凡界，即万事的成功之母在于守恒，恒即常也。意味着坚持不懈，守指专一，只有排除万念才能真得一念，正如《道德经》无为而无不为，养生气功贵在坚持。

另外，玄关，玄即深也，奥也。做气功或进行其他摄生术都不能浮，要深沉，愈沉得深就愈升得高，这是升还太虚前的一个反作用力。

尤其尘世凡间各种私欲妄念干扰甚大，不冥心专一是不可能深就的。正如《性命圭旨》所曰："再加冥心灭尽之功，则有通灵变化之妙。""达摩面壁九年方超内院，世尊冥心六载始脱樊笼"，足为训诫！

(五)《性命圭旨》"婴儿——真人仙子"过程及其启示

丹道功成圆满的标志是与天地合德与太虚合体，也是仙家修炼成为仙人的标准，丹家成仙的过程中，下丹田内"婴儿"的现形是一个重要基础。婴儿的现形标志着经过"炼精化炁"、"炼炁化神"的过程，圣胎（金丹）已结，亦即经过"十月怀胎"（生药、采药、炼药、调药、存药、封药的过程）孕养圣胎事毕。

然"孕养胞胎须十月，育婴乳哺要千朝"（《性命圭旨》），即从"婴儿"到"真人仙子"（成升天仙）还要经过漫长的修炼过程，这个过程是成仙的最重要的过程，《性命圭旨》称为炼形，实则为炼神。并言：

> 直炼到形与神而相虚，身与心而为一，方才是形神俱妙与道合真者也。古仙曰形以道全，命以述延，此是无涯之炁续有限之形躯……，则与天地同寿也。（《性命圭旨·炼形》）

此为道家修炼的最高层次，即形体化炁，神炁脱壳贯顶而升与天地永存。所谓"形复返之为气，气复返之为神，神复返之为虚，逆则成仙也。"正如张紫阳所曰："天人一气本来同，为有形骸凝不通，炼到形神冥合处"。如是"修到三千功行满"，婴儿升移至上丹田，方能达到"观察自身则心之虚空，而通于身之虚空，身之虚空而通于天地之虚空，天地之虚空而通于太虚之虚空……则知我阳神冲虚出入而无障碍……，则炼神而知可出神。"

也即进入"抱本还元、复归太极尸"的阶段，于是"三千功满而白鹤来迎，八百行圆而丹书宣诏"，届时，正如刘海蟾所曰："卦行火候周天毕，孕个婴儿镇下田，霹雳一声从地起，乾户擘开光万里，翻身撞出太玄关，这回方是真仙子。"亦"如赫赫日轮从祖窍之内一涌而出化为万道霞光，直贯于九天之上，若百千呆日放大光明普照于三千大千世界而至也"之意，最后腾云驾鹤升太虚而去。

杨力启示

上述《性命圭旨》所述"婴儿—真人仙子"的修炼过程的启示在于，虽然成仙升天是宗教的修持层次，能否升天，这是宗教的信仰，但道家漫长而执着的修持过程是值得借鉴的。

摄身养性非一朝一夕之事，没有"三千"功夫是不能如愿的，所谓"修到三千功行满"，否则无非"朝露"而已。道家修持过程中的许多精细过程是应该借鉴的，如生药前的"筑基炼己"，采药前的"活子时"，炼药时的"文武火候"，以及调药、封药……直至圣胎孕成"婴儿"，还要精心哺育成真仙人，正是"孕养胞胎须十月，育婴乳哺要千朝"，在"圣胎"结成后，还须"育婴"千朝。

故曰："盖温养育婴乃作仙之一大事，若养育失调，婴儿就有弃壳离巢之变，此时着实提防，不可轻纵。"则当抱一冥心，具体如曰："但冥此心者，万法归一，则婴儿安居于清灵之境，栖止于不动之场，色不得而碍之，空不得而缚之，体若虚空，安然自在矣。"还曰："防护之诀，密固三要为紧，参同契曰：耳目口三宝闭塞勿发通，真人潜深远浮游守规中。"

上述足见道家修炼的功夫是非凡的，要真正做到"炼精化炁、炼炁化神、炼神还虚、炼虚合道"是必须超俗的，因此要真正在摄身方面达到较高的境界，没有道家所下的深功夫是不能功成圆满的。

(六)《性命圭旨》火候论

火候论是炼丹的关键,丹家火候的掌握也最为奥妙,大多为不传。故《性命圭旨》对火候作了十分精辟的论述,不但突出了火的重要性、火与风的关系、文武火候的掌握,还突出了真火、真息与真神之间的关系。如曰:

> 药非火不产,药熟则火化矣,火非药不生,火到则药成矣。

对于调节文武火的要领,《性命圭旨》已点出其关键在于"节其寒温消息是也",并且还"须藉巽风以吹之"。

在真火、真息以及真神方面,指出真火即自我的心神(意念),即火候是靠自身心神所主宰,正所谓夫真火者我之神也,一念不离方寸是真空,此养胎之真火也。候,即自身的呼吸,所谓"真候者,我之息也。""神息者,火候也。"

杨力启示

《性命圭旨》尤其突出调节火候的关键在于顺其自然,所谓"天机妙用,自然而然","从来真火本天然"(《火候》)顺其自然,一是顺其天然即顺其天地阴阳消息以为"进阳火"及"退阴符"的标志,一是应其人体的自然而然,大凡采药、搬药、调药、封药皆顺其自然之机,所谓契机暗合。

十、《天仙正理》内丹奥秘

(一) 对内丹火候的精辟论述

《天仙正理》以专篇《火候经》对内丹火候进行了精湛的论述,极有见地。

第一,认为"火候之要,当于真息中求之"。伍守虚注曰:"真息者乃真人之呼吸而非口鼻之呼吸。"所谓真人的呼吸,正如原文所曰:"广成子曰人之反复呼吸彻于蒂，一吸则天气下降，一呼则地气上升，我之真炁相接也。"其中，"彻于蒂"即吸入"炁穴"（下丹田），乃真人呼吸与凡夫不同之处。

第二，须"刻刻调和，真炁凝结"。刻刻言三百六十息，息息皆要调和自然，"一刻不调则不能入定凝炁而成胎基"（伍守虚注语），"百刻之中，切忌昏迷"即一刻也不能昏冒散乱，否则将错失真候。故曰："火候本只寓一气，进退之节非有他也，真火之妙在人，若用意紧则火燥，用意缓则火寒，勿忘勿助非有定则尤最怕意散，不升不散不结大丹。"

第三，"子午卯酉定真机，颠倒阴阳三百息"，即要把握子午卯酉阴阳进退。所谓颠倒阴阳指六阳时进阳火，六阴时退阴符，三百息中进退各半，此之谓也。至于子午火候，《天仙正理》引陈希夷曰"子午工是火候，两时活取无昏昼"，意在提示子午二时为火候，非天时之昼午夜子。

即复卦子时一阳生（即子至巳时），当进阳火，姤卦午时一阴长（即午至亥时）应退阴符，此炼丹火候的周天与天上度数的周天皆相似之意。对卯酉沐浴时间的掌握，伍真人十分重视。他说："纯阳老祖日安排鼎灶炼玄根进退须明卯酉门"，对于卯酉沐浴的重要意义，伍氏派别有独到见解，如伍守虚注曰：

> 人不可只用阳进火阴退符而不用卯酉之沐浴则亦堕空亡而不得药，不能成药，盖沐浴是成仙成佛最紧要最玄妙之工，故世尊有入池沐浴之喻，沐浴乃是炼丹之正工，而进火退符不过是调和助沐浴之工而已。调和进退而不沐浴则进退成虚幻，沐浴而不进退则沐浴不得冲和。

即充分强调了卯酉时刻火候的重要性。从而提出"旦暮寅申知火候"，即重视"正旦暮"及"活旦暮"的沐浴火候。所谓"活"，即天之阳生定于子时，人之阳生时则决定于自身心中，故引紫阳曰："火候不用时冬至不在子及其沐浴时卯酉时虚比"，即言子午火候应根据自身阳气的长消而进退，卯酉沐浴也同样如此，不能虚比，即不应拘泥于天时。

第四,"察其火之无过不及,明其火之老嫩温微",即告诫炼丹者,炼丹须明"止足",应"丹熟不须行火候,更行火候必伤丹","此皆言丹成止火之候也。"意在提出火足应知止,"不知止足必倾危",即应"持盈"。如何"持盈"?指采得大药闯关后即应自止调火,药入丹后立应文火封固。一切真机至妙在乎真息,然欲得真息又必须"入虚"方见"虚无之妙",即"虽行大周天不见有大周之相,便得虚无之妙"。

第五,"圣胎既凝养以文火,安神定息任其自然",指出炼丹火候的真正奥义在于自然,尤其任其自然是温养文火的关键。故十月胎将成时"不必用有候之火,当用温温然无候之火,不寒不燥不有不无,方是温温的真景象。"正如伍冲虚所曰:"不须行火候炉里自温温。"

(二)《天仙正理》炼药诀要

《天仙正理》在强调炼先天精气神的基础上,尤其突出"炼三合一",如曰:

> 仙道以精炁神三元为正药,以炼三合一喻名炼药,其理最精微,其法最秘密。(《炼药直论第七》)

丹家炼药的主要宗旨为将外散的精气神内炼为先天元精元气元神,还丹归一即"炼三合一"的过程;此间须以"秒觉灵心"及"冲和"为要,所谓"以觉灵为炼药之主,以冲和为炼药之用"。"觉灵"即抢活子时以采之。如曰:"则用起火之候以采之","冲和"即告诫炼药要辨药之老嫩。并言:"采之嫩则气微,而不灵不结丹也,采之老则气散而不灵不结丹也。"

所谓药之老嫩是指丹田阳炁未生时尚未进入生药境界即起身采药谓之嫩,而老则指超过了当采之时,当采而未采则气以久而虚散,皆由心生息情。至此,"气既散则力亦微,配合不均不能成丹",并重申炼药"若火间断而工不常虽药将成而复坏,若久执行火而不知止,虽药正成而亦坏。"即反复强调炼药必须有正确的火候为前提,才能成功。

《天仙正理》还言:"后世圣真修此,必使神气相均合,火药适宜,以呼吸之气,乘真炁为动静,以真炁之动静定真息之根基,则火药既不着于一偏,又无强执纵失之患,如此而炼,方得小周天之妙理,方成长生之大药。"

即言要修炼得大药最关键的还在于胎神(自身心神),胎神调均方有真息(真火)始能炼得真药(真炁)。故曰:"学道者及偶然漫谈者,皆不知何者是真药而何法为真炼,徒然空说。向自己身心中而求实不知有至静之真时真机也,夫至静之真时者是此身心静极即所喻变之末子之初也。""终而九年面壁炼成还虚之果者,超出尽天地运之天仙也。"即言真药的得来须靠真火,真火取决于真神,故真神的修炼是炼真药的重要前提。真神即元神,炼己即炼元神。

如《天仙正理》曰:"己者即我静中之真性,动中之真意为元神之别名也。"故曰:"古云未炼还丹先炼性,未炼大药先修心",进一步论证了修心炼己对炼真药的重要性。

十一、《仙佛合宗》的内丹奥秘

本论阐述了大药产生的景象以及"过关服食"。

关于大药产生的景象,《仙佛合宗》提出"六根震动"及防止"六根漏泄"的办法,颇有独见,为内丹修炼过程中的一大奥义。

第一,六根震动。

六根指眼根、鼻根、耳根、舌根、身根、意根,所谓六根震动指大药将生时的五官景象。如《仙佛合宗》述曰:"盖大药将生之时,先有六根震动之景。"即:

> 大药生时六根先自震动,只知丹田火炽,两肾汤煎,眼吐金光,耳后风生,脑后鹫鸣,身涌鼻搐之类,皆得药之景也。(《七日采大药天机第五》)

第二，防"六根漏泄"办法。

防"六根漏泄"，指在大药产生时，为防止药漏而施行的六种防备方法，六根不漏方能"遂其生机"。《仙佛合宗》载曰：

> 下用木座抵住谷道，所以使身根不漏也，上用木夹牢封鼻窍，所以使鼻根不漏也，含两眼之光勿令外视，所以使眼根不漏也，凝两耳之韵勿令外听，所以使耳根不漏也，唇齿相合舌抵上腭，所以使舌根不漏也，一念不生，六尘不染，所以使意根不漏也。（《大药过关服食天机第六》）

第三，关于闯关过桥。

《仙佛合宗》对闯关过桥有较精辟的阐述。

1. 闯三关

指河车搬运过程中，药运至尾闾关、夹脊关、玉枕关时将采取一定的措施。

如闯尾闾关：尾闾遇阻而不动矣，斯时也，若用真意导引，则失唱随之机，纵导引频频，终难过关，故有善引之正功焉，才见其遇阻不动即一意不动，凝神不动而后引，不可引而使动之，忽有自动冲关即随其动机而有两相知之微意，轻轻引上自然度尾闾而至夹脊关矣。即言过关受阻时须高度凝念聚神方能通过。

关键皆在于在高度凝念不动的情况下，紧紧捉住那忽然自动神关的契机，然后再轻加意引即能度过，所谓当"动而后引"，"不可引而使动"也。所谓"随其动机而有两相知之微意，轻轻引止自然度过"，即言此时要随其自然契机使用巧劲，防止用猛武火焰强行通过，其余夹脊关及玉枕关也复如是，此为伍真人过三关的独到之处，乃前所未及的观点。

2. 过二桥

过二桥指河车搬运过程中的上、下鹊桥，所谓上下鹊桥，伍真人曰：

"尾闾谷道一实一虚故名下鹊桥……印堂鼻窍一实一虚故名上鹊桥。"在周天功中，采得的药极易从上、下鹊桥走漏，故须严防精气的漏失，上鹊桥药（精气）漏的征象是鼻孔下垂两条粘液柱条，下鹊桥走漏的表现是从谷道矢气。

3. 上下、鹊桥漏精的防备方法

《仙佛合宗》指出："预防有具则大药不致下驰于鼻窍只附于印堂遇阻而不动矣，惟是一意不生凝神不动以待其动，忽又自动冲矣，即随其动机而有两相知之微意；轻轻引下自然交过印堂，降下十二重楼。如服食，而入于中丹田神室之中。"即言加固的关键在于"凝神不动以待其动"，待动机到来则只需微意轻引自可顺过不能强封，一方面要以舌紧抵上腭作为辅助，充分提示了周天运药要顺应自然天机。

由于对下鹊桥的防漏比较困难，《仙佛合宗》因此指出须内外坚固。外固之法指用"状如馒首"的木制成，覆棉取软的木座，"坐抵谷道，其势止耸，不使大药下奔。"内固之法则"大药冲尾闾不透，自转动而有下奔谷道之势，才见其下奔，即微微轻撮谷道以禁之。"如是内外合力自可固守。

关于"还虚"之论。炼丹之末属于"还虚"，此时已进入炼丹的最后阶段，当"上关炼神，九年面壁，此时已炼神也者无神可凝之谓也，缘守中乳哺时尚有寂照之神，此后神不自神复归无极，体证空虚，虽历亿劫，只以完其恒性，岂特九年面壁而已哉，九年云者，不过欲使初证神仙者，知还虚为证天仙之先务也"。即提示"还虚"阶段的炼神关键在于持恒。